GRUPO
EDITORIAL
PATRIA

Quiero ser libre

María Esther Barnetche Pous
Elia María Barnetche de Maqueo
Tesha Prieto de Martínez Báez

Quiero ser libre

no sufra más
¡sea usted mismo!

Grupo Editorial Patria

**Para establecer comunicación
con nosotros puede hacerlo por:**

correo:
Renacimiento 180, Col. San Juan
Tlihuaca, Azcapotzalco,
02400, México, D.F.

fax pedidos:
(01 55) 5354-9109

e-mail:
info@editorialpatria.com.mx

home page:
www.editorialpatria.com.mx

Dirección editorial: Raúl Godínez Cortés
Coordinación Editorial: José Luis E. Bueno y Tomé

Diseño de Portada: César Manuel Olvera Marcial
Tipografía y formación: César Olvera Marcial

Quiero ser libre. No sufra más ¡sea usted mismo!

Miembro de la Cámara Nacional de la Industria Editorial Mexicana
Registro núm. 43

ISBN 10 dígitos: 970-24-1120-3
ISBN 13 dígitos: 978-970-24-1120-8

Impreso en México.
Printed in México

Primera edición: 1990
Segunda edición: 2007
Cuarta reimpresión: 2009
Quinta reimpresión: 2009

Dedicamos este libro

A nuestros padres,
porque gracias a ellos tenemos vida.

A nuestros esposos e hijos
porque le dan cada día sentido a
nuestras vidas.

Mi Dios

Quiero ser libre.

Libre para pensar, decidir, actuar.
Libre para sonreír, gozar, alegrarme.
Libre para sentir, llorar, expresarme.
Libre para vivir.
Libre para servir.
Libre para optar por ti.

Y para dejar que tú
me ames y me transformes
en la imagen viva de Tu Hijo.
Amén.

"Si el Hijo los hace libres, ustedes serán verdaderamente libres."
(Juan 8:36)

"Si el tipo los halla libres, justo es venta,
verdaderamente libre.
(Juan, V.30)

Presentación

Hemos nacido para ser libres.

Nuestra unica obligación es ser felices.

Sin embargo, cuando en el juego de la vida nos adentramos en el fascinante mundo de las relaciones humanas, podemos construir un maravilloso puente a la felicidad o hipotecar nuestra libertad y con ella la misma felicidad.

Desgraciadamente, hemos llegado a la era del automatismo en que todo está programado y a toda acción corresponde una reacción. A una tensión le sigue una distensión.

La ley del péndulo y la dialéctica son también corolarios de este mismo principio.

Cuando en la vida actuamos en proporción a los estímulos recibidos, somos dependientes, porque en vez de que nosotros dirijamos y decidamos en la vida, estamos condicionados por la conducta o actitud de otro, lo cual se torna muy peligroso cuando ese otro ha disfrazado su egoísmo, paternalismo, proteccion o ayuda. Lo peor es cuando se depende de otro, que a la vez depende de nosotros mismos. Eso es la codependencia. Cuando mi felicidad o infelicidad en este mundo dependen de otra persona o circunstancia.

El núcleo de nuestro problema existencial radica en que dependemos de quien no debemos y no dependemos de quien debemos. Ese fue el drama del paraíso:

No dependieron del Dios que los quería libres. Dependieron de la serpiente que los engaño. Después, Eva llevó la manzanita a Adán sabiendo de antemano que ella iba a comer. Programó el juego de tal manera que ya estaba preparada la reacción. Inmediatamente, él la culpó y ambos perdieron el paraíso de felicidad.

Depender de Dios es llevar la libertad hasta la frontera de las posibilidades, porque libre y conscientemente se depende de un Dios que es bueno y todopoderoso, que tiene un plan infinitamente mejor que el nuestro, para nuestra felicidad, no sólo en la otra vida, sino también en ésta.

Por otro lado, es sana y hasta necesaria una dependencia de los demás, pero como una interrelación que complementa y favorece la realización de nuestra persona. La llamaremos mejor *interdependencia* en la que todos formamos parte del mismo cuerpo y como tales, actuamos y vivimos.

Este libro, lo quieras o no, te va a llevar hacia dentro de ti mismo. Ineludiblemente te vas a dar cuenta que sólo falta tu fotografía en alguna página para concretar al codependiente que se disfraza de mil facetas.

Pero lo más importante no es descubrir nuestra codependencia o desenmascarar el laberinto de juegos psicológicos que nos han hecho desempeñar papeles artificiales en el escenario de la vida. Lo maravilloso es que se nos presentan caminos concretos de liberación, para despojarnos de las cadenas, aunque esten adheridas a la médula de los huesos.

Hay un camino de liberación. Es posible ser libre si comenzamos por reconocer que necesitamos liberación; si buscamos dentro de nosotros mismos la imagen y semejanza divinas, que son el programa de nuestra vida; si dependemos —de manera sana— de quien debemos depender y no dependemos de quien no nos ayuda a ser felices.

Hay que pagar un precio, correr un riesgo. No es fácil, pero vale la pena.

Quienes han escrito este libro, han vivido intensamente en carne propia este proceso. Son personas que se han internado en el misterio de la persona y en la complejidad de las relaciones humanas, pero han salido del laberinto y ahora, con la lámpara de la verdad en las manos, son un signo de esperanza.

Adentrarnos en estas páginas es como abordar un submarino que se sumergirá en las profundidades y raíces de nuestro ser. A veces encontrará obscuridades; pero al final el submarino resurgirá libre, sin anclas ni amarras, y podremos proclamar a los demas: es posible ser libre y liberarnos del nudo que nos ataba a nuestro codependiente. Y esto motivará también al codependiente a correr el riesgo de atreverse a ser libre. Roto uno de los dos cabos, se acerca más la liberación de ambos, Si nosotros rompemos el lazo, si desatamos nuestro nudo entonces nuestro codependiente sólo tendrá que desamarrar el suyo para mirar el horizonte con las alas extendidas.

Estamos llamados a la libertad. Esta es nuestra vocación. Sólo existe una ineludible obligación: no podemos renunciar a la felicidad, porque sólo el libre es feliz y sólo el feliz es libre.

JOSÉ H. PRADO FLORES

Guadalajara, Jal., 30 de mayo de 1989

Introducción

Hace algún tiempo, cayeron en nuestras manos varios libros, de esos que se encuentran en la mayoría de los centros comerciales americanos. Los índices de dichos libros nos parecieron interesantes, así que decidimos leerlos.

A continuación citamos algunos de ellos, por si has tenido la oportunidad de leerlos: *El complejo de Cenicienta, El síndrome de Peter Pan, Las mujeres que aman demasiado, Hombres que odian a las mujeres, ¿Por que los hombres no se comunican?*, y algunos más.

En estos libros se describen muy claramente características comunes y raíces similares para conductas anormales, y se les pone nombre a los sufrimientos ahí descritos, por lo que nos pareció muy positivo que se salieran de los marcos clínicos de diagnóstico tradicionales para describir situaciones tan actuales, aunque no nos parecieran adecuadas las soluciones propuestas.

De pronto, especialmente durante ese año, empezaron a llegar al Centro de Oración personas que hablaban de esos libros y de las luces que habían recibido a través de ellos.

Pudimos darnos cuenta de que el mercado estaba lleno de esos libros traducidos ya al castellano y que todo mundo los leía. Volvimos a leerlos y nos alarmamos por la tremenda repercusión que la lectura indiscriminada de ellos podía traer a nuestra sociedad. Al leerlos, muy poca gente se quedaba con lo bueno; la mayoría aceptaba todo como verdad absoluta y empezaba a actuar en consecuencia.

Desde ese momento decidimos orar, pidiendo al Señor luz sobre esta situación que podía lanzar a tantas personas al vacío, a la rebeldía y a la supuesta liberación.

Pensamos que debería haber una solución positiva para aquellos que descubrían de pronto que estaban siendo víctimas de enfermedades de otros y que decidían salir de esa situación abandonando a la familia para ser "libres", sin discernir que las soluciones que estos libros proponen están muy lejos de ser la respuesta verdadera al problema.

¿Qué unía a estas personas que empezaban a reaccionar igual ante situaciones distintas? Después de cuestionarnos, caímos en la cuenta de que éstas eran "víctimas"; víctimas de personas que no habían madurado *(El síndrome de Peter Pan)*; hombres que odiaban a sus esposas porque nunca solucionaron los problemas con sus madres; personas que toleraban las crueldades de sus cónyuges porque no conocían otra manera de comportarse, pues eso habían vivido en sus hogares y perpetuaban las historias.

Esas personas eran lo que se conoce con el término de "codependientes". Pero, ¿qué es eso?

A lo largo de este libro vamos a ir explicándolo, pidiéndole al Espíritu Santo, al Espíritu de la Verdad, que te descubra "tu verdad" y que te la enseñe en la paz con que Él nos revela los secretos del corazón.

A nosotras, nos ha ido descubriendo nuestra verdad y cada una se ha identificado tan claramente al estudiar lo que es la codependencia, que no sólo hemos podido aceptar nuestra parte negativa en las relaciones con las personas con las que convivimos, sino que hemos seguido el proceso que aquí te proponemos.

Compartimos todo esto contigo, porque somos testigos de que hay una vida nueva, plena, llena de alegria, esperándonos. Una vida auténticamente vivida en la voluntad de Dios, no en el victimismo de que eso es lo que nos toca vivir.

Dios nos quiere cada día viviendo en el equilibrio auténtico de la Cruz, no asumiendo cruces que nosotros mismos nos hemos creado, producto de heridas no sanadas, de emociones desequilibradas, de autoestima muy baja, que nos llevan a un sufrimiento esteril en lugar de transformar lo que verdaderamente puede ser cambiado y empezar a vivir y actuar con la dignidad que tenemos como hijos de Dios.

Vivir auténticamente como cristiano requiere la luz del Espíritu para comprender cuál es el sufrimiento que se debe asumir en la libertad interior y evitar aquel que nos causan situaciones que pueden y deben ser cambiadas.

Esperamos que cada uno de los pasos que siguen, vayan descubriendo tu verdad y te lleven a la solución de tus problemas, porque entonces te irás haciendo libre interiormente, a pesar de que muchas veces la situación exterior no cambie.

Este libro es para cambiarte a ti, no para que intentes cambiar a otros con los que vives en esa relación de codependencia.

Este es principalmente un libro de oración, no un manual de reglas fáciles de seguir para solucionar problemas.

Es a través de la oración de curación interior como podemos sanar las raíces de la codependencia. Las conductas enfermas que hemos aprendido y padecemos, necesitan cambiarse por conductas sanas. Por eso es muy importante que por medio de la oración descubras esas conductas que te han llevado a arrastrar la existencia y que trates de modificarlas, porque no puede llamarse vida a la forma en que sobrevive una persona codependiente.

Oración

Jesús:

Quiero pedirte luz para descubrir mi verdad.

Quiero aprender a hacer la voluntad del Padre.

Quiero saber cuál es mi parte enferma.

¿Qué puedo cambiar en mi vida para librarme de la amargura, del resentimiento, de la depresión? Sé que descubrir eso va a ser muy doloroso, pero creo que la verdad me hará libre.

Dame el valor para abrir mi mente primero y mi corazón después, para encontrar en qué he contribuido para haber llegado a la situación en que ahora me encuentro.

Sé que si recorro este camino de tu mano, tendré las fuerzas necesarias para cambiar lo que deba ser cambiado y para asumir consciente y libremente el sufrimiento que no pueda evitar, porque no esta en mi mano el hacerlo, y poder vivirlo contigo, en la verdadera paz que solo tú me puedes dar.

Sé que la depresión, el resentimiento y la

amargura estan fuera de tu plan de amor para mí.

Tal vez yo he creído que aceptaba mi cruz, pero si tengo esos sentimientos es que no he comprendido tu plan para mí; pues si viviera la Cruz contigo, tendría paz interior en medio del dolor y de la tristeza, y no la tengo, Señor.

Por eso, quiero entrar en este proceso de sanación contigo, porque sé que tú quieres sanarme.

Quiero pedirte hoy, como el ciego te suplicó un día: "Señor, que yo vea" (Lc. 18:41).

CAPÍTULO 1

Codependencia

Definiciones

¿Qué es la codependencia? Hemos leído tantas definiciones que nos cuesta mucho trabajo elegir una que nos diga claramente lo que es este síndrome.

Cada autor la define según el campo de acción en el que la encuentra, por eso vemos que muchas difieren entre sí.

Para nosotras, codependencia es un nombre nuevo que engloba conductas ya muy conocidas.

Por la naturaleza del trabajo que realizamos, que es el orar por la sanación de las memorias, hemos encontrado muchas veces a personas muy comprometidas en sus apostolados y en su vida de fe, que están viviendo verdaderas tragedias en sus hogares y que han aceptado vivirlas con entereza. Sin embargo, al cabo de los años, de "llevar su cruz", caen en depresiones muy serias.

Analizando estas historias nos damos cuenta

de que muchas de esas cruces podían no existir o de que no habría necesidad de cargarlas, si tan sólo la persona supiera cómo poner límites a la conducta de los suyos, si pudiera expresar lo que siente y si tuviera conciencia de su propio valor como persona.

Sus vidas giran alrededor de otro en una forma enfermiza; giran alrededor del cónyuge alcohólico o neurótico, del hijo drogadicto, de un padre inválido, de un hijo incapacitado, etc. Dejan estas personas de existir para sí mismas, ignoran sus propios sentimientos para ocuparse del otro con la totalidad de su energía.

Su vida propia no existe, su alegría se transforma en tristeza o enojo acumulado que se nota en todo momento. Su dulzura y su compasión dan paso a una dureza y a un deseo de control exagerados.

No hay nada que puedan hacer para cambiar la situación, ya que ni siquiera hay conciencia de que algo pasa con ellos. Con toda honestidad creen que no hay nada que hacer, que esa es la cruz que les ha tocado cargar y la van arrastrando.

A este perder obsesivamente la vida propia en la vida de otros es a lo que se llama codependencia.

Podemos con seguridad afirmar que es una enfermedad; que sus consecuencias son graves y que puede llevarnos a la muerte. Salir de ella es muy difícil, sobre todo cuando los codependientes son vistos por todos como las víctimas de los inválidos, adictos, alcohólicos, drogadictos y neuróticos.

Aceptar que es una enfermedad que está en nosotros y que nos impide relacionarnos con los demás en formas normales y sanas es algo muy difícil, pero no imposible.

Para nosotras, la Codependencia es *una enfermedad que se manifiesta en la incapacidad para lograr participar en forma positiva en una relación*. Por eso, en muchas ocasiones nos gusta llamarla coparticipación negativa, en lugar de codependencia.

Melody Beattie definió la codependencia en su libro *Codependent no More* de la siguiente manera: "La persona codependiente es aquella que ha permitido que su vida se vea afectada por la conducta de otra persona, y que está obsesionada tratando de controlar esa conducta".

Ella amplía el campo de la codependencia encontrando personas verdaderamente afectadas por otras, no sólo alcohólicas o drogadictas como se había supuesto anteriormente, sino con personalidades problemáticas, enfermedades crónicas, perturbaciones emocionales y mentales. Descubrió que aunque la relación con la persona problemática terminara, el codependiente buscaba otra persona con los mismos problemas o con distintos tipos de enfermedad o incapacidad y seguía actuando igual; es decir, perpetuaba su conducta codependiente.

Algo había en la persona misma que la inducía a buscar siempre establecer relaciones que la hacían aparecer como la víctima, y llegaba a serlo en la realidad.

A través de estas observaciones, se empezó a tomar conciencia de la dinámica de la enfermedad. De esos conflictos y de la repetición de conductas patológicas, nació la certeza de que podía existir otro modo de vivir y que la solución del problema no era simplemente apartarse de la persona problemática.

Sharon Wegsheider-Cruse, especialista en el estudio y tratamiento de la codependencia, la define como: "Una condición específica caracterizada por preocupación y extrema dependencia (emocional, social y a veces física) de una persona o de un objeto. A veces tan patológica, que afecta todas sus otras relaciones".

El concepto de codependencia ha surgido en los últimos años y las teorías acerca de ella proceden, en su mayor parte, de personas que admiten tener esa enfermedad y están en proceso de recuperación.

Según el campo de estudio de la enfermedad, se han dado muchas definiciones. La mayor parte de las cuales, sin embargo, ven la codependencia como una parte del campo de las adicciones y no como una enfermedad en sí misma.

Por esa razón, muchas personas no se han identificado con el término, ya que siempre se hablaba del codependiente como de la persona que es compañera del farmacodependiente o del alcohólico. Una vez que el término se amplía al campo de las relaciones, podemos afirmar que es también codependiente el que vive o es compañero de una persona incapacitada, enferma crónica o con problemas emocionales y mentales de importancia.

Robert Subby, en *Codependency, an Emerging Issue,* define la codependencia como: "Una condición emocional, psicológica y conductual que se desarrolla como resultado de la exposición prolongada y la práctica de una serie de reglas opresivas, reglas que impiden la expresión abierta de los sentimientos, así como la discusión directa de los problemas personales e interpersonales".

También Ernie Larsen, en la misma obra, la define como: "Aquellas conductas aprendidas, autodestructivas o defectos de carácter, que dan como resultado una capacidad disminuida para iniciar o participar en relaciones amorosas".

En 1979 se definió al codependiente como la persona cuya vida no podía ya manejar como resultado de vivir en una relación cercana con un alcohólico.

La ignorancia en el campo de la salud mental acerca de esta enfermedad ha dado como resultado que los tratamientos dados a estas personas han sido muy largos y muy costosos y no se han obtenido los resultados esperados.

Un paso importante es lograr que la persona codependiente reconozca su sufrimiento, su necesidad de ayuda y que su vida empieza a no funcionar bien. La persona se deteriora física, mental, psicológica y espiritualmente; y si no se trata esa enfermedad, se puede predecir que llegará hasta la muerte.

Conocimos varias familias en las cuales el

padre era alcohólico, y comprendimos que era verdad lo que la doctora Phyllis Orzin afirmó en una conferencia sobre codependencia dada en la ciudad de Nueva York en noviembre de 1988. Ella dijo que la codependencia era una "enfermedad terminal", es decir, nos puede llevar a la muerte. Las cuatro esposas de los alcohólicos que conocimos murieron hace 10 y 11 años y sus esposos, "los enfermos", todavía viven.

Esta enfermedad nos lleva, a medida que avanza, a una incapacidad de juicio cada vez mayor, a una ceguera que nos impide ver la realidad, a una confusión mental y emocional que nos hace dudar de nuestras percepciones y de nuestros sentimientos.

Además, como el codependiente no conoce otra manera de vivir, se resigna y poco a poco cae en una depresión tal que aun los medicamentos dejan de actuar para devolverle el deseo de vivir.

En etapas avanzadas, el único camino que se ve como salida es la muerte: la muerte propia o la de quien causa el sufrimiento.

No se tiene capacidad para ver otras alternativas y poco a poco la persona se deja morir, descuidando primero su casa, su persona y al final su salud.

Como podemos ver, este problema es muy serio y amerita que lo estudiemos para descubrir que sí hay otras alternativas, y que sí puede haber un cambio.

Características señaladas por Codependientes Anónimos

Las características listadas a continuación se han tomado directamente de los folletos distribuidos por Codependientes Anónimos. Esto nos irá clarificando lo que es la codependencia.

1. Asuminos la responsabilidad por los sentimientos y las conductas de otros.

2. Tenemos dificultad en identificar sentimientos ¿estoy enojado?, ¿triste?, ¿solitario?, ¿feliz?

3. No podemos expresar los sentimientos: me siento feliz, triste, lastimado, etcétera.

4. Tenemos miedo de cómo los démas van a responder a nuestros sentimientos.

5. Tenemos dificultades en formar y mantener relaciones cercanas.

6. Tenemos miedo de ser rechazados o lastimados por otros.

7. Somos perfeccionistas y abrigamos demasiadas expectativas de nosostros y de los demás.

8. Tenemos dificultad para tomar decisiones.

9. Tendemos a minimizar, alterar o negar la verdad de cómo nos sentimos.

10. Las acciones y actitudes de otros determinan nuestras reacciones y respuestas.

11. Tendemos a poner las necesidades y deseos de otros antes que los nuestros.

12. Nuestro miedo a la ira de otros determina lo que decimos o hacemos.

13. Nos cuestionamos o ignoramos nuestros valores para relacionarnos mejor con otras personas significativas. Valoramos sus opiniones más que las nuestras.

14. Nuestra autoestima se rige por la influencia de otros. No reconocemos cosas buenas acerca de nosotros.

15. Nuestra serenidad y atención mental están determinadas por los sentimientos y conductas de otros.

16. Juzgamos muy duramente lo que hacemos, pensamos y decimos, por los estándares de otros.

17. No creemos que ser vulnerables y pedir ayuda sea normal y esté bien.

18. No sabemos que está bien hablar de los problemas fuera de la familia; que los sentimientos son sólo eso y que es mejor compartirlos que negarlos, minimizarlos o justificarlos.

19. Somos muy leales, aun cuando la lealtad sea injustificada y, a veces, hasta pueda dañarnos.

20. Necesitamos ser necesitados para podernos relacionar con los demás.

Otras características

El codependiente es una persona que depende emocional, psicológica, espiritual, fisica o financieramente de otra persona obviamente enferma, incapacitada o necesitada.

Es demasiado responsable y esta demasiado involucrada con las necesidades, deseos, pensamientos y actos de otra persona, y esto afecta todas sus otras relaciones.

La palabra codependiente o coadicto proviene, según el diccionario, de las particulas co: con o necesario, y adicción: esclavitud. Es la persona necesaria para que la esclavitud funcione.

Ademas, la codependencia no respeta edades, estrato social o sexo. Toca a toda la sociedad en una forma o en otra.

Entre los grupos con mayor propensión a vol verse codependientes estan los cónyuges de los alcohólicos o adictos; los adictos en recuperación, los familiares de personas que trabajan demasiado, familias con algún trauma o en donde se sobreprotege y no se propicia la autonomía de los miembros, familiares de alguna persona incapacitada crónicamente o las familias de un neurótico.

La codependencia proviene en gran parte de la manera como la persona se ve en su relación con el mundo. No tiene referencia externa, se considera sin valor en sí misma, necesita recibir ese valor del exterior y vive tratando que los demás la vean como ella quiere ser vista.

Siempre quiere aparecer como "buena" y llega a creer que controla las percepciones de todos, su vida se rige por lo que cree que los demás piensan de ella y hará cualquier cosa por permanecer en una relación, por temible que ésta sea, ya que sin esa relación siente que no "tiene" nada, que no "es" nada. A veces, consume una cantidad muy grande de energía en conservar esas relaciones, aunque el costo sea muy alto.

El codependiente carece de linderos definidos de su espacio vital. No sabe dónde termina él y dónde empieza el otro, se siente como el otro se siente; carga con la tristeza, felicidad o enojo del otro, por eso no puede lograr la intimidad, ya que ésta requiere de un ser propio que no sea absorbido por otro y pueda compartirlo. Casi siempre, se concede al enfermo el poder de determinar las reacciones y estados de ánimo de toda la familia.

El codependiente tiene como característica muy especial el que siempre marca los límites muy claramente y, al mismo tiempo, siempre deja que los demás los ignoren y los traspasen. No tiene habilidad para disfrutar espontáneamente, porque siente que pierde el control. Su pensamiento y su juicio son en blanco y negro, no tiene capacidad para disfrutar los matices.

El codependiente tiene mucho miedo de su ira, porque no sabe hasta dónde lo pueda llevar. Acostumbra mentir y exagerar hasta en cosas que realmente no tienen importancia.

Aparece también con mucha frecuencia un gran miedo al abandono. Por eso muchas veces busca a alguien más necesitado que él a quien cuidar y que no lo abandonará. Tiene una necesidad imperiosa de controlar las situaciones, a sí mismo y a los demás.

Hemos encontrado también una tremenda ambivalencia. Un día ama al otro y al día siguiente lo odia; quiere dejarlo y quiere quedarse; quiere que se vaya y quiere que se quede y casi siempre desea las dos cosas al mismo tiempo.

Melody Beattie, en su libro *Codependent no More*, dice que en el fondo de esta enfermedad existe "el demonio de la baja autoestima". Y a través de la experiencia y de la bibliografía sobre el tema hemos podido corroborar la verdad de esta afirmación.

En estados avanzados de codependencia aparece una incapacidad para juzgar el estado de las cosas, así como una negación de la realidad. La persona no ve ninguna salida y empieza a manifestar cierta tolerancia al mal, que no puede entenderse más que como una verdadera enfermedad, ya que la exhibe no sólo con gritos, golpes y destrozando las cosas, sino en su indiferencia en chantajes e infidelidad. En muchos casos, se llega a maltratar y hasta a violar a los hijos. Esta tolerancia al mal se da junto con una incapacidad total de sentir, un bloqueo absoluto de los sentimientos, y se llega a convertir en una forma de complicidad con el "enfermo o dependiente".

Casos

Hace tiempo tuvimos como paciente a una mujer joven que tenía dos niños, de 10 Y 17 años, y cuyo esposo se encontraba en un estado de alcoholismo muy avanzado. El lugar de su trabajo había sido convertido por él en un centro de bebedores y después de emborracharse llegaba a casa a golpear a todos y a destruir los muebles. Como ella no tenía a nadie, ni lugar a dónde ir, decidió buscar un abogado y lograr que, por medio del juez, se impidiera a su esposo la entrada en la casa, para proteger a los niños, pues ella necesitaba salir a trabajar para sostener el hogar. La resolución del juez fue que, dado que el esposo no tenía quien lo cuidara, no había manera de que se le prohibiera entrar en su casa. Se dejó a estos niños sin protección de ninguna clase exponiendo su vida, porque el padre no tenía a dónde ir, mientras seguía en su adicción.

En un reportaje que vimos hace tiempo en televisión, una joven de 19 años casada desde hacía un año, fue entrevistada en la sala de emergencias de un hospital a donde había sido llevada porque su esposo, en un arranque de violencia, la había tirado de la camioneta en la que paseaban y había dado vuelta para atropellarla. Ella se movió hacia un lado, peró una rueda alcanzó a pasarle sobre un brazo, el cual estuvo a punto de ser amputado. Después de angustiosas horas entre la vida y la muerte, al fin se recuperó.

Un reportero siguió el caso durante algunas semanas, mientras la chica se recuperaba en casa de sus padres. Cuando se sintió mejor, un día llamó a su esposo para que pasara a recogerla. El reportero, como estaba investigando la razón por la cual la chica toleraba la violencia y el maltrato de su esposo, entrevistó a la familia, tratando de buscar las raíces que llevaron a esta joven a situación tan dramática. Descubrió que la chica seguía en esa relación porque creía que eso era lo normal y ya no sabía distinguir entre el bien y el mal.

La segunda parte del reportaje fue una entrevista en una institución de apoyo a mujeres maltratadas, víctimas del abuso verbal, físico, emocional o sexual. La directora decía que ahí podían estar todo el tiempo que creyeran necesario y que también se les buscaba trabajo lejos del lugar en donde habían sido maltratadas.

Sin embargo, añadía, eran muchos los casos de mujeres y niños que volvían dos o tres veces más a la institución, porque al salir de ahí habían vuelto con el esposo o padre que los maltrataba. Siempre vivían con la expectativa de un cambio. Como no era un centro para liberarlos de la codependencia, sino un centro de protección y de preparación para la vida por medio de terapias de grupo y talleres de adiestramiento, el énfasis no estaba en el reconocimiento de su propia enfermedad ni en la necesidad de enfrentarla por todos los medios actuales al alcance de la sociedad, sino en liberarlos de ese destino que veían como el único para ellos.

Cuestionario

Dado que el primer paso para salir de una enfermedad es reconocerla, vamos a proponer una serie de preguntas recopiladas de varios cuestionarios usados en centros de tratamiento de la codependencia. Creemos que bastarán para darse cuenta de si uno mismo es o no codependiente.

A cada pregunta se deberá contestar SÍ o NO.

1. ¿Te comprometes demasiado?

2. ¿Te ves forzado a ayudar a otros a resolver sus problemas? (por ejemplo, ¿ofreces consejos que no te piden?).

3. ¿Te sientes demasiado responsable de los sentimientos, pensamientos, acciones, necesidades y bienestar de otros?

4. ¿Te enorgulleces de crear calma en una situación caótica?

5. ¿Tratas de complacer a otros y nunca a ti mismo?

6. ¿Te cuesta trabajo expresar sentimientos?

7. ¿Tienes dificultad en completar un proyecto? (llevarlo a cabo de principio a fin).

8. ¿Tienes dificultad para divertirte?

9. ¿Creciste en medio de demasiados "deberías"?

10. ¿Tiendes a ignorar problemas y pretender que no existen?

11. ¿Creciste en una familia problemática, reprimida, químicamente dependiente o disfuncional?

12. ¿Sientes que si no eres productivo no vales?

13. ¿Te sientes incómodo cuando te alaban o te hacen algún cumplido?

14. ¿Te sientes atrapado en las relaciones?

15. ¿Quisieras tener más tiempo para ejercicio, aficiones o deportes?

16. ¿Dices muy seguido que no tolerarás más ciertas conductas de otros?

17. ¿Te sientes a menudo "loco" y te preguntas qué es ser "normal"?

18. ¿Te sientes muy ansioso por un cambio o promoción en el trabajo?

19. ¿Mientes o exageras, cuando sería igual de fácil decir la verdad?

20. ¿Buscas constante afirmación y aprobación?

21. ¿Tienes miedo de tu propia ira?

22. ¿Buscas personas "necesitadas" para ayudarlas?

23. ¿Tratas de guardar tus sentimientos para ti mismo y "pones buena cara"?

24. Cuando flojeas, ¿te excusas?

25. ¿Llegas siempre tarde a las citas, reuniones, etcétera?

26. ¿Te sientes cansado y sin energía?

27. ¿Sientes que si no te llevas bien con tu superior es tu culpa?

28. ¿No quieres tomar ningún riesgo?

29. ¿Tiendes a gastar el dinero compulsivamente y comer más de lo debido, tomar tranquilizantes, trabajar, fumar o beber demasiado?

30. ¿Has perdido interés en el sexo?

31. ¿Tienes frecuentes problemas médicos como colitis, úlceras, hipertensión, asma, dolores de cabeza o de espalda?

32. ¿Te accidentas frecuentemente?

33. ¿Tienes miedo al abandono, a la soledad, al rechazo?

34. ¿Crees que puedes salir adelante sin la ayuda de Dios?

35. ¿Tiendes a minimizar los problemas, a racionalizarlos y frecuentemente dices: "Sí, pero ... "?

36. ¿Te encuentras frecuentemente culpando a otros?

Si has respondido positivamente a más de cinco preguntas, puedes considerarte una persona codependiente.

Ahora bien, es muy importante darse cuenta de que la codependencia es una enfermedad adquirida, y que se va a requerir mucho esfuerzo para aprender de nuevo conductas sanas que sustituyan los comportamientos enfermos. Por lo tanto, como acostumbraba decir un amigo nuestro: "Les tengo una noticia buena y una mala. La mala es que están enfermos, y la buena es que la enfermedad puede terminarse y se puede recuperar la salud". Con ese pensamiento, podemos estar seguros de lograr tener relaciones sanas.

Criterios de diagnóstico

En los diferentes centros de recuperación para codependientes se utilizan diferentes criterios para hacer el diagnóstico. Uno de ellos es el señalado en el DSM III (Manual diagnóstico y estadístico de los trastornos mentales). En este manual se considera la codependencia como un trastorno mixto de la personalidad.

Para entender lo que es un trastorno mixto de la personalidad, veamos primero qué se entiende por personalidad: "Personalidad es el conjunto de patrones de conducta profundamente arraigados en la persona, que incluyen la forma en que ésta se relaciona, percibe y piensa acerca del medio ambiente y de sí misma".

Los rasgos de la personalidad son los aspectos de la misma que no implican patología. Trastornos de la personalidad, por otro lado, son los patrones de mala adaptación, inflexibles y de suficiente severidad, para causar incapacidades significativas, funcionamientos desadaptados y malestar subjetivo.

La codependencia está diagnosticada como un transtorno mixto de personalidad, por que incluye aspectos del trastorno de la personalidad por dependencia (DSM III 301.60) y aspectos del trastorno compulsivo de la personalidad (DSM III 301.40).

Finalmente, Timmen Cermak establece un criterio de dagnóstico del transtorno de la personalidad codependiente tomando en cuenta los puntos más importantes de otros criterios.

Este criterio establece:

A. Continuamente se pone en riesgo la autoestima tratando de controlar a otros y a sí mismo frente a consecuencias adversas serias.

B. Tomar la responsabilidad de satisfacer las necesidades de otros, sin tomar en cuenta las propias.

C. Ansiedad y distorción de los linderos entre la intimidad y separación.

D. Involucramiento en relaciones con personas que tienen trastornos de personalidad, y que son químicamente dependientes, con otros que a su vez son codependientes y con individuos con trastornos de impulsos.

E. Presentan tres o más de los siguientes síntomas:

1. Excesiva negación.

2. Contención de las emociones (con o sin explosiones dramáticas).

3. Depresión.

4. Exceso en el "estar alerta".

5. Compulsiones.

6. Ansiedad.

7. Abuso de sustancias.

8. Ha sido (o es) víctima de un abuso físico o sexual.

9. Enfermedades relacionadas con el estrés.

10. Ha permanecido en una relación primaria con un dependiente al menos dos años, sin buscar ayuda externa.

Los codependientes pueden tener otros trastornos que ocurran en forma independiente. Pueden estar en depresión y requerir medicamentos; pueden tener un trastorno de ansiedad o alguna adicción primaria o alguna compulsión.

No todo lo que sucede en una familia en donde hay una persona enferma esta totalmente ligado a la codependencia o a la adicción. Puede haber otros problemas y es preciso diagnosticarlos por separado.

Una vez establecidos los criterios de diagnóstico y expuestas las características más notorias de la enfermedad, trataremos ahora de ver las razones por las cuales una persona es o se vuelve codependiente.

CAPÍTULO 2

Desarrollo de la codependencia

Los diferentes autores que han escrito sobre la codependencia hablan de las necesidades no satisfechas del ser humano en su infancia, que le han impedido madurar adecuadamente para adaptarse a las situaciones de la vida adulta de una manera sana y madura. Estas necesidades del niño no han sido satisfechas por muchas causas, bien porque viva o haya nacido en una familia disfuncional o por la situación encontrada ya sea en la escuela, en la iglesia o en la sociedad.

Para poder comprender lo anterior, es necesario conocer la forma usual en que se desarrolla emocionalmente un ser humano, ya que sus necesidades insatisfechas y su necesidad de suplir sus carencias son causa de que se desarrolle en él la codependencia.

Desarrollo emocional del ser humano

En circunstancias normales, el niño debe tener satisfechas ciertas necesidades básicas para desarrollarse sanamente.

A continuación, haremos un recuento de esas necesidades, basándonos en ciertos autores, como Maslow (1962), Weil (1973), Miller (1983, 1984) y Glasser (1985). Dichos autores consideran indispensables las siguientes necesidades para el buen desarrollo emocional del ser humano:

1. Sobrevivencia

2. Seguridad

3. Contacto con su piel

4. Atención

5. Imitación y repetición de lo que él hace

6. Guía

7. Ser escuchado

8. Ser él mismo

9. Participación

10. Aceptación:
    Ser tomado en serio
    Libertad de ser él mismo
    Tolerancia a sus sentimientos
    Respeto

11. Oportunidad de llorar las pérdidas y de crecer

12. Apoyo

13. Lealtad y confianza

14. Sensación de haber logrado:
Control
Poder
Creatividad

15. Trascendencia de lo ordinario

16. Sexualidad

17. Diversión

18. Libertad

19. Educación

20. Amor incondicional

Sobrevivencia y seguridad

El recién nacido requiere tanta atención que necesita a alguien que satisfaga las necesidades básicas para su subsistencia; esto, en su mínima expresión, constituye su seguridad.

Contacto con su piel

Por los estudios de Spitz, Montague y otros, sabemos que los bebés a quienes les falta el contacto con la piel de otro y las caricias, no florecen, ni crecen normalmente, aunque estén bien protegidos y bien alimentados.

Atención

Principalmente el padre o la madre deben prestarle atención.

Imitación

Es cuando el padre o la madre responden a lo que el pequeño hace, para que en esa forma, él sienta que lo entienden; así se satisface su necesidad de ser imitado. A veces esto no ocurre, porque los padres mismos son tan indiferentes que usan al niño para satisfacer sus propias necesidades. El bebé percibe al adulto necesitado y lo provee, pero esto da como resultado la negación de las necesidades reales del niño. A medida que crece, aparece el sufrimiento físico, mental y emocional, como precio de no haber recibido lo que él necesitaba.

Guía

Esta guía puede darse en forma de consejo, asistencia, o cualquier otra ayuda verbal o no verbal que lo vaya encaminando a adquirir las habilidades sociales apropiadas.

Escuchar, participar y aceptar

El padre, la madre o cualquier figura sustituta, deben tomar seriamente al niño. Deben demostrar su aceptación respetando, validando y siendo tolerantes con los sentimientos reales del niño. Esto le dará la libertad de ser auténtico y crecer.

Oportunidad de llorar las pérdidas

Por cada pérdida que sufrimos, ya sea real o simplemente la amenaza de sufrirla, tenemos la necesidad de ponernos en contacto con la pena y el dolor que la pérdida nos ocasiona. Esto lleva tiempo; y, cuando las lloramos plenamente, crecemos y maduramos.

Lealtad y confianza

Empiezan a formarse en el niño a través de la permanencia de un adulto que lo guíe en sus primeros años. Los logros y éxitos personales del niño le irán dando la seguridad de que es capaz de completar tareas, para más adelante irles dando significado. En las familias disfuncionales muchos miembros no terminan lo que empiezan porque no tienen práctica en hacerlo sin la guía y el apoyo de alguien importante para ellos. Algunos logran mucho en el trabajo, pero tienen dificultad para lograr éxito en relaciones de intimidad.

Diversión

Se ha descubierto en la actualidad que tenemos una necesidad biológica innata de alterar periódicamente nuestro estado de conciencia. Lo anterior se efectúa a través de "soñar despierto", de reír, de practicar algún deporte, de concentrarse en algún proyecto, de dormir y de otras formas de disfrutar y divertirse. Esto es muy importante para que el niño llene su necesidad natural de ser espontáneo y de jugar. Se ha visto que esto se logra dificilmente en las familias disfuncionales.

Sexualidad

Nos referimos aquí al sentirse bien siendo hombre o mujer y a la capacidad de disfrutar la propia identidad sexual.

Libertad

Poder arriesgarse, explorar y ser espontáneo es muy importante, ya que con la libertad va creciendo la responsabilidad y, en esa forma, se aprende la diferencia entre espontaneidad e impulsividad. Esta última trabaja en nuestro perjuicio.

Educación

Es una de las necesidades de mayor nivel. La persona que cría, educa o nutre, puede proveer lo que el niño necesita en cada ocasión y debe hacerlo, dándole la posibilidad de irse independizando, al mismo tiempo que sigue aceptando ser educado. Esta reciprocidad se da muy pocas veces, pues casi siempre el adulto domina y el niño se somete o se rebela.

Amor incondicional

Este tipo de amor es muy difícil de dar, porque los seres humanos somos limitados. Nuestras necesidades en esta línea rara vez son satisfechas totalmente, ya que tampoco las necesidades de nuestros padres fueron satisfechas y, a veces, los padres usan a los pequeños para satisfacer sus propias necesidades. Muchas veces los bebés vulnerables e impotentes, sirven para satisfacer las necesidades de amor de los padres.

Niño interior

Cuando las necesidades del ser humano no son satisfechas para llegar a superar la etapa que el niño vive en el aspecto físico emocional, intelectual y espiritual, el "sí mismo auténtico", "real",como lo llaman Horney y Masterson; "verdadero", como lo llaman Winnicot y Miller, o "niño interior" como lo llaman otros clínicos y educadores, se detiene en su desarrollo.

Mientras más enferma o carente es la condición de los adultos encargados del niño, menos satisfechas son las necesidades de éste. Así la parte que es creativa, viva, plena de ese "niño interior", queda paralizada. Cuando sus necesidades no son satisfechas o son negadas por los padres y por otras figuras de autoridad, a ese niño le falta el alimento para crecer. Cuando ese "niño interior" no puede expresar sus necesidades y su propio ser, surge para sobrevivir un "sí mismo falso", un "sí mismo codependiente" que se ajusta a los deseos y a las demandas de los demás. Para poder distinguir cuál es el que está funcionando, vamos a describir las características de cada uno.

El "sí mismo real" o "niño interior", como más

nos gusta llamarlo, es el que funciona cuando somos más auténticos, más genuinos, ya que es generoso, espontáneo y comunicativo. Se acepta a sí mismo y a los demás. Siente profundamente el gozo y el dolor y puede expresar esos sentimientos. Acepta los sentimientos sin temor y sin prejuicio. El "niño interior" sabe jugar y divertirse. Es vulnerable porque es abierto y confiado. Es indulgente consigo mismo de una manera sana. Está abierto al mundo del inconsciente y acepta sus mensajes en forma de sueños, enfermedades y dificultades.

Es libre para crecer y toma en cuenta su relación con otros y con el universo. Es al mismo tiempo nuestro "sí mismo privado".

A pesar de su capacidad de sentir el dolor causado por las heridas, la tristeza, la culpa o la ira, no pierde su vitalidad. Puede sentir el gozo, la felicidad, la inspiración y hasta el éxtasis.

Nuestro "niño interior" vive desde el nacimiento hasta la muerte sin necesidad de hacer nada para ser "verdadero". Si se lo permitimos, se expresará sin esfuerzo de nuestra parte.

Más bien, nuestros esfuerzos van encaminados a negar nuestra conciencia de él y su expresión libre, porque necesitamos de tal manera la aceptación de los demás, que vamos desarrollando en contraste un "sí mismo falso", el cual se siente a disgusto, perturbado y sin autenticidad.

Ese "sí mismo falso" o codependiente es como una máscara: es envidioso, crítico y culpa a todos. Es perfeccionista y egoísta. Se obliga a ser lo que piensa que los demás quieren que sea. Es conformista. Da el amor con condiciones. Cubre, esconde y niega los sentimientos. Cuando le preguntan: "¿Cómo estás?", responde automáticamente: "Bien, gracias", porque no sabe lo que siente y si lo sabe, juzga sus sentimientos como equivocados o malos. Es a veces pasivo y a veces agresivo. Parece poderoso y fuerte, pero en realidad no lo es.

Nuestro ser codependiente tiende a aislarse y siempre quiere tener el control. No se rinde. Bloquea la información que le llega del inconsciente. La mayoría del tiempo, cuando actúa ese "sí mismo falso", se siente vacío, a disgusto, como aletargado. No se siente real, completo, integrado, sano. Siente que algo está mal. Pero cree que así debe ser, que eso es lo normal.

Ese "sí mismo falso" ha sido descrito innumerables veces. Se le ha llamado "herramienta de supervivencia", "yo egocéntrico" o "ser defensivo" (Masterson, 1985).

Puede ser destructivo para el propio ser, para otros y para las relaciones íntimas. Es como una espada de dos filos que sirve a diferentes propósitos, entre ellos el de protegerse de las heridas y del rechazo.

Nos acostumbramos tanto a ese "sí mismo codependiente" que el "sí mismo verdadero" se siente culpable, como si fuera malo sentirse lleno de vida.

Muchas veces tendemos a arrancar los sentimientos de "nuestro niño interior", porque creemos que reconocer sus necesidades sería dar rienda suelta a conductas infantiles. Pero reconocer esos sentimientos, en lugar de negarlos o sepultarlos, nos permite poner límites, igual que un padre se los pondría a su hijo.

La represión del "niño interior" y la aparición del "sí mismo codependiente" se van dando en forma paulatina, según aparece la necesidad de complacer o defenderse de los otros. Ese "sí mismo codependiente" se desarrolla, a su vez, siguiendo ciertos pasos.

Se genera con la represión de nuestras observaciones, sentimientos y reacciones y cuando nuestros padres o nosotros mismos no les damos el valor que tienen.

Muchas veces empezamos a esconder un secreto familiar, por ejemplo: el alcoholismo de uno de los padres, la drogadicción de un hermano, la infidelidad o cualquier otro secreto y nos enfocamos en las necesidades de los demás, negando, sin darnos cuenta, nuestras propias necesidades.

Pero como seguimos guardando sentimientos, sobre todo los de dolor, desarrollamos una tolerancia cada vez mayor al dolor y al sufrimiento emocional.

Parecemos como aletargados, y como no lo aceptamos, no podemos llorar adecuadamente, cada día, las pérdidas grandes o pequeñas que sufrimos.

Todo esto bloquea nuestro crecimiento mental, emocional y espiritual; pero como muy dentro de nosotros queremos ponernos en contacto de alguna manera con nuestro "niño interior", nos damos cuenta que algunas conductas compulsivas nos permiten vislumbrar a ese niño y hacen que desaparezca en algo la tensión.

Sin embargo, si esa conducta compulsiva nos daña a nosotros o a los demás, empieza a producirnos sentimientos de vergüenza, humillación y la autoestima baja más y más.

Al sentir que no controlamos las cosas que nos suceden interiormente, tratamos de controlar más lo exterior. Acabamos lastimados y proyectamos nuestro dolor en los demás.

Nuestra tensión va aumentando en tal forma que empezamos a tener enfermedades relacionadas con el estrés. Esto ya nos habla de un nivel avanzado de codependencia.

Después aparecen los cambios bruscos de humor, la dificultad en las relaciones íntimas y de ahí se sigue una infelicidad crónica.

Desarrollo del "sí mismo codependiente"
en relación con el "sí mismo auténtico"

Mientras más bajo es el nivel de satisfacción de la necesidad del niño, más pronto entra a funcionar el "sí mismo codependiente" y más pequeño, paralizado, carente, queda el "niño interior".

Cuando las carencias aparecen más tarde en la vida, le han dado oportunidad al "niño interior" de madurar y desarrollarse más, y el "sí mismo falso o codependiente" tiene menos fuerza y menos importancia en la vida del niño o del adulto, por lo cual es más fácil lograr la recuperación.

Ambientes en los que se desarrolla la codependencia

Hemos descrito cuáles son las necesidades del ser humano para que se desarrolle normalmente y hemos visto también que cuando estas necesidades no se satisfacen, el niño empieza a desarrollar un "sí mismo codependiente" o "falso" para poder adaptarse a ese mundo que no satisface sus necesidades.

Ahora vamos a analizar los ambientes en los que el niño se desenvuelve, para ver en qué forma contribuyen a que ese "sí mismo codependiente" se desarrolle.

En la familia

El estancamiento en el desarrollo normal del niño y la aparición del "sí mismo falso" o codependiente, se favorece especialmente en el seno de una familia disfuncional o adicta, cuyas principales características son las siguientes (según el cuadro comparativo con las familias que funcionan normalmente, presentado por el doctor Tom Wikstrom, de la Clínica Willough, en Naples, Florida):

Familia disfuncional	*Familia funcional*
1. No se hablan las cosas	1. Comunicación abierta
2. Represión de sentimientos	2. Expresión libre de sentimientos
3. Expectativas indefinidas	3. Reglas establecidas
4. Relaciones viciadas	4. Respeto a cada persona
5. Manipulación y control	5. Respeto a la libertad de cada miembro de la familia
6. Sistema caótico de valores	6. Sistema consistente de valores
7. Actitudes rígidas	7. Flexibilidad de criterios
8. Tradiciones inamovibles	8. Adaptación al cambio
9. Atmósfera desagradable	9. Atmósfera agradable
10. Enfermedades frecuentes	10. Gente sana
11. Relaciones dependientes	11. Independencia y crecimiento
12. Envidia y desconfianza	12. Confianza y amor

Veamos más detenidamente las características de la familia disfuncional:

1. No hay libertad para hablar de las cosas; la comunicación se da en los niveles de lo indispensable y lo superficial.

2. No se expresan libremente los sentimientos, por temor a la desaprobación y al rechazo.

3. Se establecen papeles que se desempeñan constantemente y que no permiten el cambio.

4. Se producen constantes conflictos porque no se establecen claramente las reglas de la casa, sino que se tienen expectativas y éstas cambian de acuerdo con el humor o la enfermedad de los miembros de la familia.

5. Las cosas se obtienen por control directo, imposición, o bien se emplea la manipulación para lograr los objetivos.

6. Los criterios respecto de todo son muy rígidos.

7. Se establecen reglas que no pueden variarse aunque las circunstancias lo ameriten.

8. Se mueven alrededor de tradiciones que son más fuertes que las circunstancias del momento. Se guardan fechas, costumbres y ritos, a costa de la paz y de la armonía familiar.

9. La atmósfera que se respira es desagradable, se percibe la tensión entre los miembros de la familia.

10. En las familias disfuncionales aparecen un sinnúmero de enfermedades, físicas y psicosomáticas.

11. Se establecen relaciones de dependencia que no permiten el crecimiento y la madurez en las personas de la familia.

12. Muchas veces se establecen entre ellos relaciones de desconfianza y de envidia. Generalmente no saben alegrarse por los éxitos de alguno de ellos.

Se han señalado diversos papeles característicos dentro de una familia disfuncional que los hijos y los cónyuges van adquiriendo a lo largo de los años, y que dependerán tanto de la personalidad de cada uno como del lugar y el orden de los nacimientos.

Una descripción de esos papeles nos servirá para localizarnos en nuestra propia familia y de esa manera entender el por qué hemos llegado a ser codependientes.

Estos papeles que vamos a describir, han sido reconocidos y señalados tanto por especialistas en terapia familiar, como en las clínicas que tratan adicciones.

Facilitador

Es la persona más cercana al enfermo o adicto y de la cual depende más. Generalmente es el cónyuge, los padres o los hijos de la persona más problemática. A medida que la enfermedad o la adicción aumentan, el facilitador se va involucrando más y más, y comienza a reprimir o negar sus sentimientos propios para tomar las responsabilidades que el otro empieza a no cumplir y en esa forma lo suple. El facilitador compensa con su propia responsabilidad y control lo que al otro le falta.

El héroe o la heroína

Es aquel que ve y oye lo que pasa en la familia y empieza a sentirse responsable por el dolor de ella. El héroe hace esfuerzos para mejorar las cosas y trabaja constantemente para cambiar la situación. A medida que la enfermedad progresa, experimenta que no posee una base firme y empieza a sentirse inadecuado. Este sentimiento está bien escondido bajo el aparente "éxito". Su papel es el de proveer dignidad y estima al sistema.

El chivo expiatorio

Es el más visible al público. El ha aprendido que en la familia no es compensado por lo que es, sino por lo que haga; pero como no quiere trabajar duro como el héroe para probar su valor, se retira de la familia y busca sentirse bien perteneciendo a otro lugar. Debido a la cantidad de ira reprimida que almacena por tener que retirarse, a menudo capta mucho la atención por las formas destructivas en que realiza esa retirada. Frecuentemente huye de la casa, rehúsa ser parte de la familia, se embaraza, usa drogas, ingiere alcohol en exceso, etc. Su papel es el de atraer hacia sí mismo la atención de la familia.

El aislado o silencioso

Es el que ha aprendido a no establecer relaciones cercanas con la familia. Pasa mucho tiempo solo o trabajando calladamente. Es el papel más seguro y el que no causa problemas para sí mismo o para los demás. La mayoría de las veces la gente no lo nota, porque no se le da ninguna atención, ni negativa ni positiva; sólo están ahí. Sufre mucho y se siente muy solo. Su papel es el de ofrecer alivio a la tensión; actúa en tal forma para que la familia no tenga que preocuparse de ese niño.

La mascota

Es el que trae algo de diversión a la familia. Nadie lo toma demasiado en serio, aunque es inteligente. Resulta agradable estar cerca de él. Usa el encanto y el humor para sobrevivir en este doloroso sistema familiar. Su papel es también disminuir la tensión y brindar diversión a la familia.

Como podemos ver, estos papeles giran alrededor de la sobrevivencia en la familia, pero no tienen nada que ver con los verdaderos sentimientos de miedo al rechazo o al abandono. Esta constante represión de los sentimientos y el vivir para desempeñar un papel, fortalece la personalidad codependiente. Si no se ejecuta el papel, sienten que todo se puede convertir en un caos y finalmente terminan no sabiendo ni quienes son, ni qué sienten.

En la escuela

Otro lugar donde muchas veces el niño es detenido en su desarrollo emocional y espiritual es la escuela. Los sistemas educativos dan una gran importancia al pensamiento lógico, al estudio, al desarollo de nuestras capacidades de razonamiento, pero no le dan ninguna importancia a los sentimientos; por el contrario, los desdeñan como una parte inservible de nuestra personalidad.

Aun las llamadas actividades artísticas, frecuentemente no permiten el desarollo de la parte intuitiva de la persona. En vez de sentir una obra de arte, se debe analizarla, juzgarla y escribir sobre ella. No debe llamarnos la atención, por lo tanto, que cuando algún maestro quiere saber qué sienten sus alumnos, se encuentra con que ni ellos mismos saben lo que sienten y mucho menos pueden expresarlo.

Por otro lado, el sistema escolar apoya constantemente el logro de metas a través de exámenes que refuerzan la necesidad de alcanzar más y más, compitiendo siempre y causando, en aquellos que no logran las mejores calificaciones, un sentimiento de minusvalía constante que rebaja la autoestima, y propicia que se desarrollen otros métodos para tener éxito, por ejemplo: complaciendo a todos, siendo siempre el que consigue algo para el grupo o para el maestro, pues así logra sentirse aceptado, ya que sus calificaciones no son las mejores. Esto resulta injusto, pues en la mayoría de los casos, ni siquiera se ha explorado en qué podría destacar la persona y cuáles son sus sentimientos cuando se esfuerza tanto y no logra sobresalir en los sistemas de calificaciones vigentes. Cuántas veces alumnos con inteligencias superiores han tenido fracaso tras fracaso, con serias consecuencias en su personalidad y en su autoestima.

También encontramos que muchas veces los alumnos empiezan a dudar de sus propias percepciones y valores, cuando los maestros o directores no se comportan de la manera como dicen que se deberían comportar las personas. Los niños y jóvenes se cuestionan si ellos ven mal las cosas o si realmente están mal, si el maestro se engaña a sí mismo o trata de engañar a sus alumnos. Cuando no tienen con quién hablar de sus sentimientos, queda en ellos la sensación de duda acerca de lo que ven o escuchan.

En la Iglesia

La Iglesia también ha favorecido la represión de los sentimientos, el perfeccionismo, el constante tratar de ser mejores en lo exterior, cuando muchas veces el interior está lleno de resentimientos. Nos han enseñado a "hacer obras buenas" o a "ser buenos" para ganar el cielo. Se ha caído en el legalismo en el cual lo importante está en las reglas y mandatos. Se deben cumplir preceptos porque es mandato de la Iglesia. El conocimiento de Dios se ha hecho a través de la Teología y de enseñanzas lógicas, desdeñando el conocimiento que viene de una experiencia de Dios.

Muchas órdenes religiosas hacen énfasis en el

cuidado de los demás, en el estar siempre alegres, como si los sentimientos naturales del género humano fueran algo que debiera suprimirse. Cuando se quiere alcanzar este ideal, estamos negando y eliminando nuestra humanidad y cuando el exterior no corresponde al interior, somos deshonestos.

Igualmente, al tratar de ser perfectos, interpretamos esto como el no tener sentimientos y no como el tratar de ser perfectos en el amor, en lo humano. Queremos, como en el paraíso, ser como Dios y al no lograrlo, siempre sentimos fracasar y poco a poco caemos en la depresión.

Además, muchas veces las indicaciones sobre cómo debemos ser fomentan la parte externa, nuestra conducta, de acuerdo con lo que los demás ven en nosotros; entonces, tratamos de complacerlos y esto aumenta nuestra dependencia, no de Dios, sino de lo que la gente espera de nosotros. Muchas personas nos han comentado lo mal que se sienten cuando en lugar de confesar un pecado sencillamente, con humildad, le dan vueltas y vueltas, y al final sienten que no lo confesaron, porque les importa mucho lo que el sacerdote piense de ellos. Esto trae consigo una carga de culpa que se arrastra a través de los años, hasta que un día se atreven a expresarlo.

Por otro lado, la obediencia amorosa a Dios y la conducta codependiente parecen exactamente iguales vistas desde a fuera; es la motivación interior, la motivación del corazón la que cuenta. El codependiente por sus propias necesidades es llevado, es forzado, tiene que actuar así para cubrir el dolor que hay dentro. En cambio, dar la vida por otro, por elección, en obediencia libre a Jesús, produce otros resultados muy diferentes: alegría, paz interior y madurez.

Otro problema nos viene por malinterpretar la Palabra de Dios. Cuando el Señor nos dice: "No resistas al que te haga algún mal; al contrario, si alguien te pega en una mejilla, ofrécele también la otra..." (Mt. 5:39), algunos sacan como conclusión: "Debo dejar que los demás me lastimen ilimitadamente", y así actúan, hasta que terminan enfermos, resentidos y desesperados. No se dan cuenta de que Jesús sólo dijo: "Pon la otra mejilla" —sabiendo Él que sólo tenemos dos mejillas. O sea, debemos dar a quienes nos han ofendido una oportunidad más, pero no podemos contribuir con nuestra actitud para fomentar una conducta agresora.

Si Jesús hubiera querido que nos dejáramos hacer pedazos, hubiera usado otro símil, como lo hizo en el caso del perdón: "Señor, ¿cuántas veces deberé perdonar a mi hermano, si me hace algo malo?, ¿hasta siete?" Jesús contestó: "No te digo hasta siete veces, sino hasta setenta veces siete" (Mt. 18:21-22). Esto quiere decir, sin lugar a dudas, que debemos perdonar ilimitadamente, pero no quiere decir que tengamos que permitir las conductas ofensivas, sin poner límites.

Para ser cristianos congruentes tenemos que aprender a interpretar adecuadamente la Palabra de Dios; para eso es muy importante tomar en cuenta la enseñanza que se nos da a través del magisterio de la Iglesia. Jesús dijo que amar a Dios sobre todas las cosas era el primer mandamiento y el más importante. Y el segundo es parecido a éste: "Ama a tu prójimo como a ti mismo" (Mt. 22:37). El amor a nosotros mismos es condición para poder amar verdaderamente a nuestros hermanos.

Hemos conocido a muchos cristianos de buena fe que llegan a extremos temibles de codependencia por no conocer el sentido real de lo que Jesús les pide, y creen que hay que amar tanto a su ofensor, que deben consentir que se convierta en un agresor permanente.

Ejemplo de esto serían aquellos que creen que llevar la cruz significa aguantar todo lo que los demás les hagan, aunque esto implique la destrucción de su propia persona.

Conocimos a una mujer que permitía golpes y vejaciones de parte de su marido alcohólico, y también a un esposo que soportaba en silencio malos tratos y burlas de su esposa, quien había perdido todo respeto a su dignidad personal. Ambas personas vivían en constante miedo y angustia y cada día odiaban más a sus cónyuges, pero insistían en que tenían que "cargar su cruz" y seguir aguantando, pues no encontraban otro camino y pensaban que Dios les pedía eso.

Ellos habían leído una parte de la Palabra de Dios: "El que quiera venir en pos de Mí, niéguese a sí mismo, tome su cruz y sígame" (Mt. 16:24). Y se olvidaban de otros pasajes de la Escritura, tales como: "Que cada uno de ustedes ame a su esposa como a sí mismo y que la esposa respete a su marido" (Ef. 5:33). "Yo he venido para que tengan vida y la tengan en abundancia" (Jn10: 10). Y otra muy importante: "Si no tengo amor, nada me aprovecha" (1a. Cor. 13:5).

En la sociedad

Nuestra sociedad fomenta de una manera muy importante la formación de la codependencia. Tomemos por ejemplo los dichos más comunes en nuestro tiempo:

"Los hombres no lloran."

"Las niñas siempre deben ser muy atentas con los demás."

"Sólo hay un modo de hacer las cosas."

"No hables, pienses o sientas acerca del sexo, del dinero o de los sentimientos."

"Trabaja primero y juega después."

"El hijo o hija mayor debe ser siempre un ejemplo para los demás."

"Los hijos siempre deben obedecer a los padres."

"No le hables a nadie acerca de tu familia."

"La ropa sucia se lava en casa", etcétera.

Todo esto lo escuchamos desde que somos

pequeños y muchas veces nuestros sentimientos nos producen rebeldía contra algunas de estas aseveraciones, por la injusticia que representaría seguirlas al pie de la letra. No obstante, se requiere de la ayuda y el apoyo de otros para analizar lo procedente o improcedente de determinadas reglas, según las circunstancias especiales de cada persona. Sin embargo, no debemos olvidar que a pesar de ser aceptadas por la sociedad, no están grabadas en nosotros tan profundamente que no puedan cambiarse, si en un momento dado de nuestras vidas decidimos hacerlo.

Una de las aseveraciones más aceptadas en la sociedad y que destruye tanto la verdadera libertad del hombre y de la mujer, es que las mujeres han nacido y deben ser enseñadas a complacer en todo a su esposo, no importa que sean tratadas injustamente por él y cuánta enfermedad y sufrimiento traiga a la mujer y a los hijos esa sumisión equivocada.

Madonna Kolbenschlag, una autoridad en la filosofía social, en su libro *Kiss Sleeping Beauty Good-Bye*, explica cómo en la mayoría de las culturas se va equipando a la niña con dos tipos de "persona o máscara": la de "ser objeto deseable" y la de "vivir para el otro".

La primera la condiciona a tener una necesidad de aceptación y de adulación excesiva, y la hace vivir pendiente de ser ese objeto deseable, sin preocuparse ni darse tiempo para desarrollar su personalidad propia y sostener relaciones firmes y auténticas con amigos y compañeros.

La segunda le enseñará a olvidarse tanto de sí misma en el servicio y el sacrificio al otro, que ella misma no existe. Además, centra su vida en la espera de ese "otro" que le va a dar sentido a su existencia. Es decir, su vida no vale la pena vivirse si no es en razón del "otro". Cuando ese "otro" no llega, la joven quedará frustrada de por vida y ni siquiera pensará en la posibilidad de darle otro sentido a su vida. Muchas mujeres hoy en día estudian una carrera solamente para entretenerse mientras llega ese "otro" esperado.

Por otro lado, a los hombres se les enseña que no deben expresar lo que sienten, ya que su papel de hombre se asocia con un nivel superior al de las mujeres y, por lo tanto, no pueden permitirse debilidades de ninguna índole, como mostrar sufrimiento, dolor o cualquier otro sentimiento.

El hombre, por otra parte, debe ser educado para controlar el mundo, su familia y, por supuesto, sus sentimientos; y cuando no lo hace, se siente un completo fracaso. Siempre se espera de él que sea un triunfador, y vive su vida tratando de realizar las expectativas de los demás.

Podríamos pensar que hoy en día todo esto pertenece al pasado, sin embargo, nos encontramos con muchos matrimonios modernos que se inician sobre otras bases, parecen compartir la idea de compañerismo y de igualdad y aparentemente enfrentan la vida de diferente manera. Con el tiempo hemos visto que, en el fondo, prevalecen las mismas ideas y muchas veces, en lo más profundo de las dificultades matrimoniales, yacen ocultos los sentimientos de que la mujer no ha complacido suficientemente a su marido y de que él no ha llenado las expectativas de triunfo y de que no ha sabido controlar las situaciones.

Después de examinar el desarrollo de la codependencia, parecería que todas las relaciones humanas son codependientes y no es así. En el plan de Dios, las relaciones son de interdependencia, en las que ambas personas resultan enriquecidas y beneficiadas porque comparten sentimientos, ideales y vidas en una verdadera coparticipación positiva. A esto hemos sido llamados: a establecer relaciones con Dios, con los demás y con nosotros mismos, en las que el mutuo compartir resulte en gozo, alegría, crecimiento y maduración. Podemos y debemos participar con los demás, pero en forma positiva, en donde aun las situaciones de choque, crisis o dolor, repercutan en beneficio final de todos los participantes en la relación. Esto es muy diferente de la codependencia en donde uno trata de mantener la relación a costa de su bienestar, felicidad y salud.

CAPÍTULO 3

Manifestaciones de la codependencia

Como podemos observar a través del cuadro sinóptico de la siguiente página, la codependencia o coparticipación negativa se manifiesta de muchas maneras, dependiendo de la personalidad de los individuos o de la forma de relacionarse en sus familias y con los demás; sin embargo, podemos distinguir cinco formas características en que se manifiesta:

Rescate

Reacción

Atadura

Dependencia

Control

En la propia persona
- descuido de la salud
- obnubilación de las capacidades intelectuales
- falta de control en las emociones
- estado de una casi falta de identidad
- se pierde el contacto con la realidad
- pérdida de toda esperanza
- pérdida del sueño
- estado depresivo constante
- deseos de muerte, etcétera.

En las relaciones interpersonales

rescate
- el complaciente
- el dador
- el protector
- el consejero
- el salvador
- el maestro

reacción atadura dependencia
- por muerte
- por amenaza o peligro de muerte

control
- con el silencio
- con las enfermedades
- con la fuerza física
- con la agresión verbal
- con la amenaza de muerte
- con la seducción,
- con el dinero
- con la indiferencia
- con la sobreprotección
- con los gestos y miradas
- con expectativas
- con la crítica
- con la manipulación
- con la represión
- otras formas

En las adicciones
- al alcohol
- a la droga
- a los fármacos
- al sexo
- a la pornografía
- a la cafeína
- al tabaco
- a la comida
- a cualquier otra cosa

Dentro de estas formas se presentan diversos grados, desde muy sutiles hasta maneras avanzadas de codependencia. Pueden, asimismo, presentarse desde la infancia o aparecer de pronto, cuando se entra en la relación específica donde se muestra la enfermedad. Sin embargo, en todos los casos, siempre hay bases en la personalidad que propician y dan cabida a esa coparticipación negativa.

Vamos a presentar en los siguientes incisos los aspectos más específicos de cada forma de codependencia, con la salvedad de que casi nunca se presenta una sola, sino que más bien, en todos los casos, hay un poco de cada una o al menos dos formas combinadas, pero casi siempre se puede distinguir el predominio de una sobre la otra.

Aunque algunos casos son ejemplos leves de coparticipacion negativa y otros casos revisten formas extremas, todos son reales aunque se han variado detalles y, por supuesto, los nombres de las personas involucradas, para evitar identificacion alguna.

Creemos que con la presentación de estas manifestaciones de codependencia, por separado, será más fácil identificar el tipo de coparticipación negativa y sus características, así como las maneras diferentes para salir de ellas, aunque en los últimos capítulos de esta obra hablaremos de los pasos para la recuperación en general.

Rescate

Una de las manifestaciones de la codependencia es la obsesión por rescatar, o "trampa del mesías", como se le llama también.

Esta manifestación es muy común. Stephen B. Karpman nos describe en su *Karpman Drama Triangle*, los tres pasos que se dan en este tipo de relación: rescatar, perseguir y convertirse en víctima.

Esto lo hemos visto repetirse en muchos pacientes una y otra vez, especialmente porque en el Centro de Oración nos dedicamos a orar por sacerdotes, religiosos, predicadores, personas dedicadas a ministerios pastorales, laicos comprometidos en un servicio social, etc. En la medida en que orábamos con estas personas, veíamos en nuestra propia vida el patrón favorito de este tipo de codependientes: "somos los que rescatamos, nos encargamos de cuidar a todo el mundo. No sólo cuidamos de los nuestros, sino que somos mesías de cuanta persona necesitada encontramos a nuestro paso. Tal parece que tenemos un letrero permanente en la puerta que dice: 'Se atienden todas las necesidades, de día y de noche, Gratis'. 'Tu problema es el mío', es nuestro lema".

La mentira que vive el rescatador es que cree que todo esto lo hace por generosidad, cuando realmente lo hace porque quiere ganarse el amor. Y mientras lo haga, seguirá metido en relaciones en las que uno lo da todo y el otro lo recibe todo.

Rescatar es quitarle a otro su responsabilidad

y evitarle pensar, tomar decisiones, crecer, madurar. El rescatador o mesías es aquel que carga sobre sus hombros en forma obsesiva la responsabilidad de la vida de otro. El instrumento de Dios, por el contrario, se sabe sólo "puente". El rescatador se obsesiona por solucionar los problemas de otros, desconoce sus propias necesidades y, por lo mismo, es incapaz de expresar sus verdaderos sentimientos.

Debemos buscar la forma adecuada de ayudar en cada caso, pues no toda ayuda es positiva para el que la recibe, ni para el que la da. Una persona que ayuda de manera destructiva parte de la base de que si ella no ayuda "nadie lo hará", se siente indispensable. Además, actúa como si la necesidad del otro estuviera SIEMPRE por encima de cualquiera de sus propias y legítimas necesidades. En el fondo, ni siquiera reconoce que tiene necesidades.

Ayudar en forma destructiva lleva aparejados los siguientes sentimientos: urgencia para lograr algo, lástima, culpa, superioridad, extrema responsabilidad por la persona en cuestión, sensación de mayor competencia que la persona que es ayudada, resentimiento, miedo, etc. También es común sentir que la persona a la cual se ayuda es incapaz de resolver su propio problema.

Rescatar aparenta ser un acto de gran generosidad y amistad, pero en realidad no lo es, porque cuando rescatamos ayudamos a una persona que consideramos incapacitada, por lo tanto la colocamos en el lugar de víctima.

Después de rescatar, nos enojamos porque hicimos algo que no queríamos hacer, ignorando nuestras propias necesidades.

Por su parte, la víctima, la persona a la cual ayudamos, no está agradecida por la ayuda recibida y nos lo demuestra, además de que no quiere escuchar nuestros consejos. Por todo esto, surge mucho enojo en ambas partes.

Rescatar no es un acto de amor. Debemos hacer notar la diferencia que existe entre ayudar legítimamente a alguien y rescatar.

Dios, a través de su Palabra, nos invita a realizar verdaderos actos de amor, compasión, ternura, misericordia y generosidad. El fruto de estos actos de amor es contrario a lo que hemos visto en el caso del rescate. Dios nos invita a la coparticipación positiva, y ésta sólo puede darse cuando nos sentimos amados por Dios, cuando hemos sido salvados por Él y cuando lo reconocemos como el único Mesías. Podemos amar cuando somos conscientes de la presencia viva del Espíritu Santo en nosotros como fuente del Amor, cuando reconocemos que Dios vive en la otra persona y que, por lo mismo, es digna de respeto y aceptación.

Podemos ayudar, cuando el otro nos invita a hacerlo o expresamente acepta que lo hagamos; podemos ayudar cuando nos da lo mismo que acepten nuestros consejos o no. Lo importante es el bien verdadero de los demás y no el que ellos hagan lo que nosotros queremos; podemos ayudar, cuando creemos que el otro es valioso y digno de nuestro apoyo.

Nuestra ayuda es adecuada cuando produce madurez, paz, crecimiento, gozo y agradecimiento en la otra persona. Si no es así, no soy yo la persona para ayudar en este caso concreto. Entonces, debo reconocer mi limitación y orar para que Dios, que ama a esa persona más que yo, le mande la ayuda que necesita.

En la Palabra de Dios, especialmente en la. Corintios 13, encontramos la clave de todas nuestras acciones: esto es, 'el Amor' con que las realizamos. No importa lo que hagamos, "si no tenemos amor, de nada nos sirve..."

Muchas veces hacemos obras que parecen buenas o lo son en sí mismas, pero nuestra intención no es pura, ya que las hacemos por:

> *culpa:* No aceptamos la realidad de nuestra vida.
> *Necesidad de ser reconocidos:* Valemos por lo que hacemos.
> *Necesidad de ser necesitados:* Esta llega a ser una obsesión; nos levantamos pensando en alguien que está peor que nosotros para poder sentir la emoción de ser útiles, y al mismo tiempo escondemos nuestras propias necesidades.

Dios nos pide que purifiquemos nuestras intenciones y clarifiquemos nuestras motivaciones, no que dejemos de servir a los demás. Cuando logremos dar este paso, nuestra vida se podrá regir por el "Amor" y no por el "deber ser" o el "deber hacer"; entonces, seremos "libres para amar" y "libres para servir". Los frutos de este cambio son positivos, pues producen paz, alegría, crecimiento, madurez y agradecimiento.

Al realizarse esto en nuestras vidas podremos amar más y mejor. Esta es la invitación que Cristo nos hace. Los rescatadores en recuperación, dan testimonio de que siguen ayudando a los demás después de su cambio y en esa forma lo hacen con más alegría, más orden, más comprensión, más paciencia y más libertad.

Tipos de mesías o rescatadores

Según Carmen R. Berry, en su libro *Cuando el ayudarte a ti me hace daño a mi*, existen varios tipos de rescatadores.

> El complaciente
> El dador
> El protector
> El consejero
> El salvador
> El maestro

En cada uno de estos tipos, la obsesión se manifiesta de una manera diferente. A continuación presentamos las características de cada uno.

El complaciente. El deseo de ser sensible y generoso para ayudar a otras personas es una cualidad sin la cual no podríamos tener una coparticipación positiva. Esperamos que en cada uno de nosotros existan esas cualidades. Sin embargo, el mesías complaciente que hay en algunos de nosotros comienza con el deseo de ayudar y después toma en sus hombros la responsabilidad del otro. Las personas que entran en esta categoría se sienten responsables en forma obsesiva de la felicidad de los otros, y experimentan sentimientos de culpa y fracaso cuando no llenan las expectativas de los demás.

Los complacientes siempre dicen sí, y por eso cada día se encuentran formando parte de un nuevo comité. "Cada día de la semana tenía yo un trabajo apostólico diferente, hasta que llegó el momento en que no tenía tiempo para mí misma, ni para mi familia (comentario de una persona que vino al Centro de Oración).

Hay dos clases de rescatadores que desean complacer: los organizadores y los espontáneos. Los primeros organizan a personas, grupos y eventos y también se organizan a sí mismos. Los espontáneos dicen sí a todo, a cualquier persona que encuentran en el camino, y por eso entran en conflicto consigo mismos y con los demás (por compromisos adquiridos anteriormente). Parece que estas personas mienten, pero no siempre es así; lo que pasa es que su necesidad de agradar es tan enorme que dicen sí a todo y luego experimentan una agonía intensa cuando quedan mal, lo cual es muy frecuente por la cantidad de compromisos que han aceptado y que tratan de cumplir.

El dador. Estos rescatadores son felices regalando todo. Se deleitan en el hecho de ver a otro recibir un regalo. Cuando oyen los problemas de pobreza que hay en el mundo, se sienten anormalmente culpables y responsables de solucionar dichos problemas. Caen en la trampa cuando el solucionar los problemas de otros se convierte para ellos en una necesidad obsesiva. Cuando dan, movidos por esta necesidad obsesiva, el dar pierde su gozo y, aunque lo siguen haciendo por obligación, empiezan a sentir resentimiento por tener que desprenderse de algo que quieren. Entonces se sienten culpables por no ser generosos y para compensar esta falta de generosidad, dan y dan y esto se convierte en un círculo vicioso.

El protector. Este tipo de rescatadores son los que se preocupan mucho por el bienestar de otros, hasta llegar a hacer lo imposible por ellos. Al tomar la responsabilidad de proteger, asumen una carga que sobrepasa su capacidad.

Una forma en la que estos rescatadores tratan de proteger a quien ayudan es escondiendo información que es potencialmente peligrosa. Otra, es ayudar dando demasiada información para justificar a su protegido en un momento dado. A veces rompen las confidencias que les han hecho, en aras de buscar un bien para el otro. Muchas veces, por todo esto, aparecen como intrusos o poco confiables.

Los protectores quieren tomar decisiones en nombre de sus protegidos. Se agobian más allá de lo normal. Sus sacrificios son enormes, pero se les aprecia poco porque hacen a los demás sentirse en alguna forma incapacitados.

El consejero. Los rescatadores consejeros son aquellos que tienden a ayudar a personas que viven en una situación problemática.

Tienen características especiales, que hacen que los demás les cuenten sus secretos y compartan su dolor. Todo mundo quiere ser escuchado y pocos realmente escuchan. Los consejeros se prestan a hacerlo y los demás hablan.

Tienen una antena especial para detectar a las personas angustiadas y antes de que pidan ayuda, ya los consejeros les están escuchando y aconsejando. A estos rescatadores no les gustan las conversaciones superficiales y, por lo mismo, son expertos en tratar de ser profundos. Son los perfectos ayudadores obsesivos; ayudan desde al peluquero que les corta el pelo y al muchacho que les cuida el coche, hasta a sus conocidos en cenas de negocios y a los compañeros de viaje en los aviones.

Por todo esto, no saben aprovechar las ocasiones que tienen para descansar y divertirse. También corren el peligro de sentirse abatidos por los problemas ajenos, pues en un mismo día pueden sentir el dolor de un amigo deprimido, la pena de una violación y el duelo de una muerte.
Esto puede ser para ellos sumamente desgastante. Normalmente los rescatadores consejeros dan demasiado de sí mismos y sienten que no son suficientemente apreciados.

Dentro de este tipo de rescatadores se encuentran los consejeros profesionales, psicólogos, médicos, psiquiatras y personas en ministerios de oración, así como los sacerdotes, puede decirse que son codependientes cuando sus consejos no tienen lugar y tiempo determinado; cuando toman su tiempo de descanso y distracción; cuando sus consejos no son solicitados; cuando se olvidan de sí mismos, de sus propias necesidades y las de su familia y cuando debido a esto pierden el orden y la proporción en su vida privada.

El salvador. Este tipo de rescatadores son los que atraen a las personas que están en crisis. Muchas veces se desbordan al ayudar a unas cuantas personas que van de crisis en crisis o de trauma en trauma, dejando todo para auxiliar a alguien que tiene problemas. No importa cuál sea la necesidad personal que ellos tengan en esos momentos, la olvidan.

Por esto, se les achaca que son candil de la calle y obscuridad de su casa, pues dejan a los suyos para correr en ayuda de todos los demás. También son personas que sacrifican su privacía y no pueden planear hacia el futuro, pues siempre están en servicio, atendiendo lo inesperado. Les asusta un paco el timbre de la puerta y el sonido del teléfono, pues no saben en qué momento tendrán que entrar en acción. Los salvadores se sienten indispensables en forma obsesiva y convierten su acción en un estilo de vida. No saben recomendar con quien pueda ayudar en cada caso; creen que tienen que hacerlo ellos personalmente.

El maestro. Estos rescatadores se caracterizan por trabajar con grupos. Trabajan en comités, como evangelizadores, como maestros en escuelas y universidades. Les gusta trabajar con grupos necesitados. Se considera que han caído en la trampa del rescate cuando ven su actividad como una obligación o cuando la realizan en forma obsesiva; no pueden dejar pasar ninguna invitación a trabajar.

Los rescatadores maestros tienen que invertir mucho tiempo en prepararse para ayudar a grupos. Muchas veces se sienten frustrados porque las necesidades de un grupo resultan demasiado grandes para sus fuerzas. Si los que son mesías de una sola persona se sienten agotados, a los mesías de grupo les sucede lo mismo, pero en forma exagerada. Muchas veces la gente los pone en un pedestal y los considera especiales. Se pueden sentir fácilmente atrapados en esta situación y llegar a creer que no son gente normal que puede llorar y expresar sus propias necesidades.

Por eso, les es posible estar rodeados de gente y a la vez sentirse terriblemente solos. Consideran que ellos ayudan a muchos, pero que nadie los ayuda a ellos. Dependen demasiado de la aceptación y el aplauso de los demás, y esto es tan importante para ellos que sacrifican sus propias necesidades y deseos, así como los de su familia, para ayudar a muchos. Es importante cuestionarse cuál es la verdadera motivación de su trabajo: auténtica vocación o necesidad de aceptación y culpa por no compartir todo lo que saben. Hay que analizar las verdaderas intenciones del corazón, para descubrir la codependencia de este tipo. En el exterior son tan generosos, tan poco egoístas, que son admirables. Es muy importante revisar los frutos del trabajo. El resentimiento, el sentirse usado por los demás, la falta de alegría y el agotamiento son fruto de una conducta que pudo ser auténtica, pero que se ha vuelto codependiente.

Por la experiencia obtenida en el Centro de Oración, podemos decir que la codependencia de este tipo es la más frecuente entre los líderes cristianos, directores de comunidades religiosas y servidores de la Iglesia en general. Empiezan por dar servicio un día a la semana, luego dos, luego tres y cuando se dan cuenta, estan absolutamente dedicados al servicio, descuidando su vida personal y lo que es más importante: su relación con el Señor.

Cuando en algún apostolado trabaja el matrimonio, poco a poco y debido a la escasez de gente comprometida, los que sí,lo son, cargan con el trabajo que debería repartirse entre varios. Cuando las reuniones de oración o de trabajo se dan más de una vez por semana, muy a menudo por la noche, pues durante el día el esposo o ambos trabajan, los hijos comienzan a sentirse descuidados; la pareja, al cabo de años de servicio empiezan a encontrar que no tiene tiempo para salir solos o para tener cualquier clase de descanso o diversión. En el fondo, sienten que no tienen derecho a ello, pues hay mucho trabajo y pocas personas que lo hagan responsablemente. También empiezan a sentir que si ellos no hacen el trabajo, nadie lo hará y tal vez la palabra y el amor de Dios no lleguen a su pueblo. Son los mesías, piensan que sin ello no se va a poder hacer nada.

Cuando caen en la cuenta, ya no tienen vida privada las necesidades de los otros siempre están allí y ellos no saben decir que no a nada. El exceso de responsabilidad, el cansancio y la falta de descanso y diversión en pareja o en familia producen como resultado en muchísimos casos un resquebrajamiento de la armonía conyugal. Surgen problemas, la pareja se pregunta por qué sucede esto, si ambos están trabajando para el Señor.

Les es muy difícil reconocer que lo hacen por la necesidad que hay en ellos de ser necesitados y de exigirse perfección en esta línea, descuidando el equilibrio y la armonía en su vida personal.

Por eso, nos encontramos que después de trabajar varios años en ministerios con gran entrega y compromiso, muchos líderes y sacerdotes caen en depresiones bastante serias y los médicos los retiran de su labor apostólica. Lo alarmante es que aun así, se sienten culpables por no estar haciendo lo que se espera de ellos.

Cuando el trabajo no se realiza en pareja y es la esposa o el esposo quien ayuda en su parroquia o en diversos movimientos, al cabo del tiempo empiezan a ocultar en sus casas lo que hacen para la Iglesia, porque advierten que no están dentro del orden querido por Dios, pero inconscientemente realizan ese trabajo pues los hace sentirse necesitados, importantes, útiles y realizados.

Cuando la situación llega a extremos exagerados, empieza a haber celo y disgusto de parte del cónyuge, que se siente abandonado porque su esposo o esposa ha decidido salvar al mundo que está fuera de su hogar y se ha olvidado de su primera responsabilidad.

Los rescatadores empiezan a descuidar su persona y su salud. Nunca tienen tiempo para ir al doctor, porque las necesidades de los demás están siempre por delante de las propias. Descuidan su auténtica relación personal con el Señor, y poco a poco la riqueza interior que tenían para compartir se va terminando, porque no disponen de un lugar y un tiempo para renovarse, reconstruirse y llenarse del amor de Dios para luego compartirlo con los demás; entonces, lo que dan es la sequedad, la aridez, la irritabilidad y el mal humor constante y, en casos extremos, hasta la enfermedad.

Lo grave de este asunto es que cuando se llega a la depresión, no encuentran ninguna razón para ello, ya que están haciendo lo que se supone que deberían hacer, no descubren ninguna fuente de angustia que sea obvia y esto les produce más inquietud.

Sería un paso muy importante en el servicio de la Iglesia, que los servidores tomaran un tiempo para estudiar si en sus familias hay alguna de las causas señaladas anteriormente que pueda llevarlos a esa compulsión al servicio, y así poder analizar las situaciones y enfrentar la verdad, para que de esa confrontación surja una verdadera purificación de las intenciones con las que sirven y un orden en la vida en cuanto a prioridades, tiempo, diversión, descanso, etc. Esto traería como resultado más gente comprometida, equilibrada y sana.

Esto que hemos hablado acerca del servicio de los laicos es igualmente cierto en cuanto a los sacerdotes y religiosas que son incapaces de decir no a cuanto servicio se les pide y terminan exhaustos, deprimidos y con mucho resentimiento.

En nuestro propio ministerio, habíamos llegado a tales extremos que nuestra salud estaba resintiéndose. Orábamos por las personas todos los días en la mañana, y si alguien se presentaba con alguna urgencia, también lo hacíamos por la tarde, además de las clases y de la atención a nuestro hogar. Llegó el momento en que nos sentíamos exhaustas, áridas y no queríamos saber de nada más.

Esta situación nos llevó a hacer un alto en el ministerio y retirarnos por un período de tres años de todo servicio, dedicándonos exclusivamente a nuestra formación personal, procurando restaurar la salud y llenarnos de la paz y del amor de Dios. Así, pudimos entrar en una etapa de búsqueda muy seria de nuestras motivaciones. Una de las que descubrimos, fue la grabada en nuestras mentes desde la infancia durante nuestra formación escolar: "Una niña del Sagrado Corazón no puede salvarse sola". Descubrimos que esta motivación fue realmente tan fuerte, que nos convertimos en salvadoras de la gente, olvidando que el único que salva es Jesús. Él salva a los demás y también a nosotras y esta salvación depende de su misericordia infinita y no del trabajo que nosotras realicemos.

Esto cambió completamente nuestro ministerio y purificó nuestras motivaciones. Ahora trabajamos los días acordados entre nosotras y si hay emergencias, recomendamos a las personas con alguien que pueda atenderlas. Si no, sabemos que el Señor Jesús las atenderá personalmente, pues nosotras conocemos nuestras limitaciones y hemos hecho el compromiso de guardar un orden y equilibrio en nuestras vidas, procurando ayudarnos mutuamente para hacerlo.

De ninguna manera pensamos ahora que si nosotras no realizamos el trabajo, nadie más lo hará. El Señor ama a las personas necesitadas mucho más de lo que podamos amarla nosotras. Él verá cómo sostenerla y ayudarla. Hemos visto claramente que así es y eso nos llena de alegría. Jesús tiene que lidiar con nosotras en muchas áreas todavía, pero al menos ya estamos alertas para no caer en la trampa de los rescatadores.

Raíces

El rescatador o mesías se gesta en la niñez de la persona. Este tipo de codependencia puede darse lo mismo en infancias aparentemente felices, como en infancias donde hay un trauma.

Llamamos infancias aparentemente felices a aquéllas en las que parece no haber ocurrido nada importante, pero en realidad hubo poca atención por parte de los padres, por ausencias, viajes, preocupaciones, negocios, enfermedades, etc. por estas circunstancias, muchos de estos niños fueron privados de vivir cada etapa de su vida en forma normal, pues se les dio exceso de responsabilidades; quizá en el cuidado de otros hermanos, de sí mismos, o de otras cosas. Cuando eran pequeños se les exigía comportamiento de adultos y recibían premios si así lo hacían. También pueden ser aquellos que desde temprana edad asumieron el papel de esposo o esposa sustituto de su padre o madre ausente, tal vez en la línea de las confidencias. En fin, todo ello puede ser el principio de un rescatador o mesías. Los rescatadores son difíciles de diagnosticar y ayudar, porque vienen de hogares felices y dicen haber tenido infancias normales. Lo que realmente sucede es que no tuvieron infancia y permanecieron sordos a sus legítimas necesidades: jugar, ser escuchados, ser atendidos, tomados en cuenta, etcétera.

Otros tipos de mesías son los que provienen de hogares disfuncionales y han sufrido diversos traumas. Como ejemplo de estos traumas tenemos:

1. Niños víctimas de abuso sexual.
2. Niños víctimas de abuso verbal o físico.
3. Niños con fuertes carencias emocionales.

Estos niños quieren compensar esas deficiencias en su edad adulta y se vuelcan en ayudar a personas que sufren lo mismo que ellos.

Dichos casos son más fáciles de diagnosticar,

porque usan menos el mecanismo de la negación y piden ayuda más fácilmente.

Casos

Historia de Jorge

Jorge había estado en un seminario; tenía una sólida formación religiosa. Al casarse, se convirtió en rescatador o mesías de su esposa y de varios miembros de la familia de ésta, pues se dio cuenta de que si bien eran personas muy valiosas, no le daban ninguna importancia al aspecto espiritual de sus vidas. Cuando su suegro se enfermó gravemente, Jorge sintió la necesidad de buscar ayuda espiritual para él. Así que decidió traer un sacerdote de visita para que auxiliara al papá de su esposa. El resultado fue un fracaso, pues la presencia del sacerdote no era apreciada y la visita fue aceptada solamente como una cortesía de tipo social.

Jorge insistió de diversas maneras para que la familia apoyara sus intentos de evangelización, pero lo único que conseguía eran evasivas y rechazos.

Un día, finalmente escuchó una conversación que le abrió los ojos.

Su suegro, desde su habitación, al oír que alguien subía por la escalera, gritó a su enfermero: "¿Otra vez viene a visitarme ese latoso de mi yerno que tanto me molesta con sus tonterías?"

Jorge, al escucharlo, se dio la vuelta y salió un tanto molesto; sin embargo, esta experiencia le sirvió para reconocer que no estaba ayudando en forma adecuada, pues la persona a quien él quería rescatar no lo estaba aceptando.

Primero, se sintió triste al ver que su buena intención había fracasado. Luego empezó a preguntarse a sí mismo y a Dios (en su oración) cuál sería la forma correcta de apoyar a su suegro en su enfermedad.

Así fue como un día, al escuchar algunos comentarios sobre la codependencia, se sintió retratado en el papel de rescatador y tuvo grandes deseos de cambiar y, sobre todo, de buscar sus motivaciones. Al analizar la situación con su suegro, descubrió que tenía mucho cariño por él y éste a su vez le había dado mucho amor. Entonces agradeció todo lo positivo que recordaba, en esta relación, y pidió a Dios que lo ayudara a descubrir cuál era la mejor forma de actuar.

Jorge recordó que a lo largo de su vida había sido mejor aceptado cuando se ponía en los zapatos del otro y realizaba pequeños actos de amor. Vino a su memoria un día en que llegó a casa de su suegro a llevarle unos dulces que le gustaban mucho y sólo había permanecido unos minutos platicando sobre los nietos, lo cual había sido de mucho agrado para el enfermo, quien muy contento había dicho: "Gracias. Cuando puedas, ven a verme. Tráeme más de estos dulces que tanto me gustan". Al salir, Jorge pudo agradecer a Dios porque su amor había llegado a su suegro en esta forma tan sencilla, y pensó: "Creo que debo repetir esto que le dio tanto gusto a la persona que quiero ayudar". Y comenzó a hacerlo. Mientras estaba en la visita era muy aceptado, y al salir le pedía a Dios que llegara a su suegro el amor de Él, pues sólo el amor de Dios transforma. Así continuó durante mucho tiempo, y la comunicación y la confianza iban creciendo cada día más, hasta que un día su suegro le llamó para pedirle que por favor trajera a su amigo sacerdote, pues deseaba platicar con él.

Análisis del caso. Podemos ver en el caso de Jorge las siguientes características:

1. El rescatador es una buena persona que tiene deseos de ayudar.

2. Considera a sus familiares y amigos incapaces de resolver el problema de su propia vida.

3. Se adelanta a resolver los problemas a su modo, sin ser llamado, y luego se siente víctima porque no le hacen caso.

A continuación presentamos también algunos pasos necesarios para salir del problema:

1. Reconocer que no estamos haciendo bien las cosas.

2. Tener deseos de cambiar y buscar la solución a la luz de Dios.

3. Docilidad de hacer lo mejor para cambiar ambas partes y confianza en que todo saldrá bien.

El caso de Judith

Judith es una líder cristiana que trabaja en un ministerio de oración para enfermos. Vino al Centro de Oración sin ánimo, triste, no se explicaba por qué ya no quería orar por los demás. Se daba cuenta de que no podía decir que no a nadie, pero lo resentía; estaba enojada con Dios y, además, muy preocupada porque había aumentado mucho de peso.

Vino en busca de oración, por lo cual le pedimos al Espíritu Santo que la pudiéramos ayudar no solamente con consejos humanos, sino que realmente la supiéramos escuchar para poder orar por ella.

Pasos para la sanación de Judith. Lo primero que enfrentamos fue la negación. Por lo tanto, empezamos a explicar a Judith cuál sería su proceso de oración para su sanación, en el cual pediríamos a Dios para ella lo siguiente:

1. Honestidad emocional, sin la cual no podría hacerse nada.

2. Sentir la experiencia de no estar sola.

3. Aceptar consejos prácticos de hechos que su negación le impedía ver.

4. Tomar los medicamentos que en su caso particular requiriera.

5. Una evaluación objetiva de conductas compulsivas o adictivas.

6. Oración por el fortalecimiento de su ser interior para que pudiera empezar a ser honesta consigo misma y acabara con la negación.

7. Pedir claridad para que pudiera distinguir entre sus propias necesidades y las de las personas por las que oraba.

8. Preguntar si lo que estaba pasando en su vida, glorificaba al Señor.

9. Ayudarla a restaurar sus linderos descubriendo sus actitudes codependientes.

10. Hacerle ver que la mejor manera de participar en un ministerio de sanación de Jesús es desde un lugar de verdad, de plenitud y de salud emocional y espiritual, en la medida de lo posible (aquí son muy importantes las preguntas acerca de su oración personal).

11. Procuramos hacerla muy consciente de lo que pedíamos en la oración. Buscamos la raíz. Preguntamos acerca de su familia y de su infancia. Tratamos de que viera sus reacciones muy entendibles, pero

que de todas maneras necesitaban del arrepentimiento y de la confesión.

Pudimos distinguir dos aspectos: la herida inicial y sus respuestas enfermas a esa herida. Con esto, pudimos ayudarla a sentir su responsabilidad para salir adelante y para poder ver que sólo ella es responsable de satisfacer sus necesidades y de su autocuidado. Así pudo darse cuenta de que la codependencia tiene un significado y una vez que se conoce se puede comenzar a buscar la motivación inconsciente de sus conductas.

Proceso de sanación. Le pedimos a Judith que imaginara el lugar más agradable para ella, en el que pudiera recibir más sanación y más amor. Que lo imaginara con sus cinco sentidos. Una vez que se sintiera plenamente situada en ese lugar, que invitara a Jesús para que ella pudiera descansar en sus brazos, sin necesidad de hacer nada. Tratamos durante su proceso de que volviera a ese lugar, una y otra vez, para que ahí tomara fuerzas para enfrentar lo que descubría. Procuramos que cada vez se llenara de la paz de Jesús. Pedimos al Espíritu Santo que nos mostrara si debíamos orar de alguna manera especial. Tal vez, necesitaba hablar más de su situación actual, tal vez quería confesar algo, o bien, necesitábamos acompañarla a sanar alguna memoria dolorosa, etcétera.

Algo de lo más difícil de enfrentar son las respuestas pecaminosas como el resentimiento.

Tuvimos que orar muchas veces para que el Espíritu Santo la fortaleciera y pudiera empezar a perdonar. De ahí fuimos hacia atrás y le preguntamos si se había sentido menospreciada anteriormente, y cómo era su familia. La respuesta clave a estas preguntas fue descubrir que ella tenía miedo cada día a la hora en que llegaba su padre a casa, porque era alcohólico y sus conductas eran impredecibles. Comprendimos que en su corazón de niña, ella tenía la imagen de un Dios Padre que era irresponsable y al que tenía que ayudar y cuidar, pero al cual le tenía miedo. La imagen de padre que ella tenía era la del único que había conocido. Cuando nos dijo que ya había orado sobre eso, le dijimos que esto era un proceso y que el fruto en su vida nos decía que se necesitaba trabajar más en esa línea. Hablamos con ella de la necesidad de entrar en un profundo proceso de perdón hacia sus padres.

Desde ese lugar, donde se reunía con Jesús y donde empezaba a recibir la seguridad de su amor, pudo aceptar la verdad de lo que sentía y que le estaba costando mucho trabajo, porque era cristiana y quería ser muy buena cristiana. Por eso, su conducta era tan compulsiva para ayudar a los demás.

"Jesús ya pagó por ti, por lo que hay en ti, en tu obscuridad, ya te limpió con su sangre". Ella había recibido esas buenas noticias en su mente, pero su "niña interior", lastimada profundamente, estaba recogiendo el fruto del resentimiento que había en su corazón. Tenemos que perdonar a cada paso, ante cada nueva herida que surge ante nosotros.

La codependencia está en nuestra naturaleza pecadora. Este morir a nuestras respuestas pecaminosas es diferente a la confesión y al arrepentimiento de nuestros pecados individuales. En la Iglesia Católica, en el rito del bautismo, se renuncia al mundo, al demonio y a la carne. Y hay que vivir esas renuncias y liberarse de los malos hábitos de rencor, para que vaya muriendo cada vez más nuestra naturaleza vieja. A veces no se da la recuperación, porque la gente no mata sus resentimientos, su deseo de venganza, sus constantes críticas, etc. (Gal. 5: 24).

El cambio puede darse con la ayuda de Jesús y con nuestra voluntad puesta en cambiar las respuestas habituales. Debemos pedirle a Jesús que su sangre preciosa penetre profundamente en el ser de la persona. Hay que tomar autoridad sobre la propia naturaleza. Desde ese punto de vista, la recuperación y la santificación van muy al parejo. Todo este proceso ha ido llevando a Judith a una reconciliación auténtica con sus padres, consigo misma y con Dios, empezando a conocerlo realmente y a sentir su amor en mayor plenitud. No es cosa de un día, es un proceso que toma tiempo y requiere paciencia.

Solución

Salida de la trampa del rescatador. Cuando le decimos no a la trampa del rescatador y sí a un proceso de crecimiento, madurez e intimidad, escogemos la vida. Estas ocasiones de escoger se nos presentan a cada paso, y cada vez que escogemos la vida damos un pequeño paso hacia una liberación total.

Una vez que estamos convencidos de lo que debemos hacer, porque entendemos las prioridades, vamos aumentando nuestra capacidad de aceptar y dar amor. Libres de esta obsesión, enfrentamos el reto de aprender a recibir, a confiar, a compartir y a dar amor verdadero.

Para salir de esta trampa necesitamos pasar por las siguientes etapas:

1. Aceptar que NO están bien las cosas (es decir, toma de conciencia).

2. Reconocer que necesitamos ayuda (de Dios y de los demás).

3. Cooperar en nuestro proceso de cambio.

4. Escuchar nuestros sentimientos que expresan dolor (y pedir curación interior).

5. Identificar nuestros propios deseos y necesidades.

6. Aceptar el daño que les hicimos a otros y pedir perdón.

7. Aceptar el amor y el apoyo que los demás nos den.

Algunas de las cosas que han ayudado a muchos en el proceso de recuperación y que podemos aceptar como parte de la ayuda que necesitamos en este tiempo son:

1. Hablar con un buen amigo o con un terapeuta para compartir nuestra historia. Expresar el enojo, miedo, vivir las pérdidas y duelos, poniéndonos en contacto con la realidad de nuestros sentimientos.

2. Caminar

3. Escribir un diario

4. Hacer algún deporte

5. Llorar

6. Hacer algún trabajo manual, como carpintería, costura, tejido, jardinería, pintura, etcétera.

Normalmente, los rescatadores compran la ropa que a otros les agrada, toman las vacaciones que otros quieren, decoran sus casas como lo sugieren los amigos, etc. Es importante en este período de recuperación que conozcan sus propios gustos, necesidades, deseos, etc. Si les cuesta mucho trabajo hacer esto, pueden empezar por ver qué es lo que ordinariamente hacen por las personas a las que aman. Normalmente hacemos o damos a otros lo que inconscientemente queremos o necesitamos para nosotros.

La terapia para todo tipo de rescatadores consiste en ayudarlos a hacerse responsables de sus propias personas, preocuparse de que crezca su autoestima, expresar sentimientos y deseos. Y poner límites en el servicio a los demás.

Cuando la recuperación es total, las personas experimentan una nueva etapa de mayor libertad para ayudar a otros, pero con más paz, alegría y sobre todo, con motivaciones mas puras.

Oración

Señor Jesús:

Gracias porque hoy me recuerdas que he sido llamado a vivir en coparticipación positiva con todos mis hermanos.

Gracias porque reconozco que he caído en la trampa de sentirme mesías.

Renuncio a seguir rescatando a los demás en la forma en que lo he venido haciendo.

Te pido que me ayudes a salir de mi codependencia. Yo solo NO puedo hacerlo.

Te pido que tu Espíritu Santo me revele las raíces de esta obsesión, para que pueda ser sanado y liberado.

Sana al "niño interior" que clama a ti. Escucha su gemido y acógelo con su dolor, que es muy profundo.

Ayúdame a tomar la decisión de cambiar los patrones negativos, para vivir unas relaciones nuevas conmigo mismo y con los demás.

Ayúdame a aceptar mis deseos y mis necesidades. Ayúdame a aceptarme débil y limitado. Ayúdame a optar por vivir en la verdad.

Lléname de tu amor para que no desfallezca en el camino y tenga yo la fortaleza para continuar en mi proceso de cambio, sabiendo que Tú estás siempre conmigo.

Amén.

Reacción

La reacción es una actitud común a muchos de los codependientes. Sin embargo, en algunos es tan fuerte y exagerada, que se convierte en la única forma de respuesta a todas las circunstancias de la vida. Reaccionamos a los sentimientos de otra gente, reaccionamos a lo que otros puedan pensar, decir o sentir; reaccionamos a nuestros propios pensamientos y sentimientos.

La vida entera se convierte en una reacción a las vidas de otros, a sus problemas, a sus errores, a sus éxitos, a sus personalidades.

Reaccionamos con coraje, con culpa, con vergüenza, con preocupación, con dolor, con control, con depresión, con desesperación, con furia, con miedo y ansiedad. Todas estas reacciones son exageradas. No sabemos responder, sólo sabemos reaccionar.

Esta forma de reacción es ya un hábito adquirido por respuestas constantes a las crisis. Ya no sabemos más que estar en crisis, y si no las hay, nos encargamos de producirlas. No sabemos ya responder con la inteligencia y con la voluntad, no controlamos nuestros sentimientos y emociones, ni su expresión, en lo más mínimo.

No sabemos contar hasta diez antes de contestar, reaccionamos en lugar de responder. Brincamos al primer pensamiento que se atraviesa en nuestro camino; al primer sentimiento que brota y nos obsesionamos con él. Nuestros pensamientos, sentimientos y emociones están siendo controlados por las personas que nos rodean. Estamos permitiendo indirectamente que los demás nos digan lo que tenemos que hacer, pensar y saber. Perdemos el control, estamos siendo controlados.

Cuando reaccionamos, perdemos el derecho a pensar, que es un don de Dios. Perdemos el derecho a sentir y a actuar en beneficio propio. Permitimos que otros determinen cuándo seremos felices, cuándo estaremos tranquilos, cuándo molestos, qué, vamos a decir, pensar o hacer.

La reacción viene siempre con demasiada rapidez e intensidad. Viene porque estamos demasiado temerosos y ansiosos por lo que podría suceder, sucede o ha sucedido.

Reaccionamos porque ya se ha convertido en hábito. No nos damos cuenta de que las cosas no salen bien cuando reaccionamos; y para que salgan mejor, necesitamos paz para poder evaluar las situaciones.

Reaccionamos muchas veces porque nos tomamos demasiado en serio y sacamos las cosas fuera de proporción. Cualquier duda acerca de lo que decimos o hacemos dispara la reacción.

Tenemos una necesidad tremenda de estar siempre en lo justo, en lo correcto, y no les damos a los demás el derecho de preguntar sobre lo que hemos dicho o hecho.

Reaccionamos porque tomamos los comportamientos de otros como reflejo de nuestro propio valer. No admitimos que los demás tengan la misma libertad que nosotros para sentir, pensar o hacer, y cualquier cosa que hagan que difiera de lo que nosotros sentimos, pensamos o hacemos, la tomamos como una ofensa personal o como algo hecho intencionalmente para molestarnos.

Muchas veces sufrimos por los comportamientos inadecuados de los demás. "Déjalos, es su responsabilidad, no la tuya. Si hacen algo vergonzoso, que se apénen, no reacciones tú frente a eso".

Reaccionamos cuando sentimos que alguien nos rechaza. Tenemos que aprender a aceptar el rechazo como parte de las reacciones normales, no como síntoma de nuestra escasa valía. Mientras lo tomemos tan a pecho, vamos a vivir sufriendo para causar una buena impresión a los demás y dejaremos de ser nosotros mismos; seguiremos reaccionando a la aceptación o no aceptación de los demás.

Reaccionamos cuando sentimos que el mal día de otro tiene que ver con nosotros. Tal vez sí o tal vez no. No debemos pensar todo el día acerca de eso, porque cuando nos demos cuenta, estaremos girando de nuevo alrededor de la opinión o sentimiento de otro. Dejaremos de ser realmente libres.

Esto tiene que parar y hay la posibilidad de

hacerlo. Tenemos otras opciones. Podemos elegir responder libre y juiciosamente a los demás y dejar de reaccionar, o podemos seguir en el mismo juego que nos hace ser como títeres en las manos de otros.

Cada vez que ejercemos nuestro derecho a pensar, sentir, actuar y responder, nos sentimos más fuertes. Este responder, en lugar de reaccionar, puede hacerse en la medida en que nos desprendemos de nuestra necesidad de aprobación; en la medida en que comenzamos a ser dueños de nuestra propia persona. El desprenderse no es fácil, necesita de la ayuda de otros y una constante vigilancia sobre nuestras motivaciones.

Cuántas veces nos hemos dado cuenta de que reaccionamos frente a las reacciones de otros. Casi sin notarlo estamos envueltos en un círculo vicioso del que no es fácil salir y cuando logramos desenredar la madeja encontramos que lo inicial fue una interpretación exagerada de un gesto o una palabra sin importancia y sin más carga emocional que la que nosotros le dimos con nuestra reacción.

Se hace de esta manera una cadena de reacciones. Al cabo del tiempo todos estamos resentidos y molestos, y nadie sabe realmente por qué.

A veces, la gente ha aprendido qué botón tocar para que nos comportemos de determinada manera. Si dejamos de reaccionar, les quitamos la diversión y el control que tienen sobre nosotros. Nos hacemos libres realmente. Con nuestras reacciones también ayudamos a que otros encuentren justificación para sus comportamientos; si dejamos de reaccionar, tendrán que tomar la responsabilidad sobre sus comportamientos, pues ya no podrán culparnos a nosotros. ¿Entiendes un poco cómo todos tenemos partes importantes en el juego que se juega? No seas víctima siempre, tienes la posibilidad de cortar esas conductas enfermas y responsabilizarte por tus comportamientos. Ya no podrás decir: "me hizo enojar", "me obligó a contestar de esa manera". Nadie te puede obligar a nada, sobre todo, nadie es responsable de lo que hagas o sientas. Sólo tú sientes, sólo tú actúas. Decídete ya a parar con la reacción. Decídete a empezar a responder simplemente. Toma la responsabilidad de tu vida.

Casos

El caso de Alicia

El caso que presentamos es el de una persona que se identificó en ese tipo de manifestación de codependencia. Por ser tan claro y expresivo su relato, decidimos transcribirlo con su permiso.

"Cuando descubrí mi codependencia, pude tocar el fondo de mi propia enfermedad y quise entrar dentro de mí misma con la conciencia de alguien enfermo que quiere saber qué mecanismos lo mueven.

"Al analizar mi mecanismo a la luz de la fe, caí en la cuenta de los juegos que venía juegando por muchos años y que fueron gestando la falta de control, la angustia, la impotencia, la falta de autoestima, un falsa imagen y muchos sentimientos de culpa enraizados en mi interior.

"Me di cuenta como al tocar determinada área o fibra, era como tocar un botón que dispara la reacción de tal manera que va más allá de los límites de la tolerancia que una conducta normal permite.

"Después de explotar, la negación y la justificación empezaban a funcionar para disminuir la culpa; pero los demás me temían, ya que no era dueña de mis impulsos y sentimientos, ni de mis emociones y reacciones, que brincaban antes que mi raciocinio, obnubilando mi inteligencia.

"No me daba tiempo para pensar entre los hechos y mi reacción. Mi voluntad no era la que decidía, era mi inconsciente el que provocaba la reacción, sin medir el daño que podían causar mis actitudes y mis palabras.

"La provocación consciente o inconsciente, verbal o no verbal, directa o indirecta, abierta u oculta daba origen a mi reacción. No fallaba. Era como una catapulta que respondía a la imagen que los demás querían que yo me formara de mi misma.

"¡No era libre de responder! Sólo sabía reaccionar como 'la bruja del cuento'. ¡La impredecible fiera!

"En oración, sentí que mis reacciones venían desde mis raíces. Mi infancia, sofocada por un ambiente violento, inseguro, con papeles imprecisos e invertidos, con falta de atención y cariño, todo ello me impulsaba a reaccionar fuera de mis límites de tolerancia con un enojo vertido hacia mí misma, hacia la situación, con sensaciones de miedo, angustia, ansiedad y falta de control.

"Veía que estas raíces necesitaban ser sanadas para dar un paso de madurez y reconciliación entre mis sentimientos y mi persona adulta, iracunda e incontrolable, que salía a patear todo lo que tuviera enfrente en el momento en que se sentía amenazada.

"Pasaron por mi mente escenas de la película de mi vida, donde yo era protagonista sin usar mi libertad interior, ni mi voluntad consciente. Sólo sabía actuar por reacción.

"Quise descubrir qué me ocurría y humildemente le pedí al Señor Jesús que se adueñara de mi voluntad y me previniera de esas trampas, que como minas, estaban esparcidas por todos lados dentro de mi propia familia.

"¿Quién las puso? ¿Para qué? ¿Con qué objeto? ¿Cómo era yo provocada?

Con la gracia de Dios, pude empezar a darme cuenta de los juegos que había dentro de mi propia familia y pude observarlos como si yo estuviera afuera contemplando una película. Capté quién pichaba la pelota, a quién le tocaba batear, quién estaba en la primera, segunda y tercera base. Mientras yo observaba todo desde la banca y cuando todos esperaban que yo saliera a batear, se sorprendieron al ver que esta vez la bolita no era contestada.

"Después de ver esto, creí que bastaba con

dejar de jugar y ya. Sin embargo, una noche que llegaba de trabajar, muy cansada, encontré que mientras yo había estado fuera, mi hijo había invitado a unos amigos, se había disgustado con ellos y para resolver su conflicto, decidió sacar al perro del patio para que se les echara encima. El animal que tenemos, con una orden de mi hijo, hubiera podido ocasionar una verdadera desgracia.

"Al ver lo que había pasado, sentí como si me hubieran bañado con agua helada. Cruzó por mi mente el siguiente pensamiento: 'Se aprovechan de mí porque no estoy, y esto crea en mí sentimientos de culpa por estar trabajando; enojo y violencia desmedida por lo que pudo haber pasado y las consecuencias que hubiera tenido'. Todo esto lo visualicé en cuestión de segundos. No pregunté nada, me saqué la bota y me le fui encima al niño hasta agotarme; gritaba, vociferaba, amenazaba, insultaba y deshacía al chiquillo, que aterrado veía a su madre convertida en una salvaje.

"Después de la golpiza que le puse, quedé exhausta y casi sin aliento y le volví a gritar: '¡Basta ya de jugar con armas que no sabes controlar!; ahorita es el perro, mañana sacas un puñal, una pistola y puedes matar! ¿No te das cuenta?'

"Finalmente, un poco más calmada, pero aún presa del enojo, le señalé el castigo: '¡Mañana te largas a la fábrica a trabajar! ¡Malditas vacaciones, por el ocio te vienen todas esas estúpidas ideas!'

"Una vez en mi cuarto, llena de culpa y confusión por mi colérica reacción, respirando agitadamente y con muchas palpitaciones, comencé a llorar ante la frustración de no poder controlar mis exagerados reacciones. Había vuelto a caer, como lo hace un alcohólico cuando empieza a beber.

"Le dije al Señor: 'Date cuenta de qué madre tienen mis hijos. Mira cómo sin querer estoy enseñando a este niño a dejarse maltratar por mi, por mis reacciones fuera de control. ¡Ayúdame, señor! ¿Qué puedo hacer?'

"Sentí cómo el señor me devolvía la calma. El ritmo natural de mi respiración y los latidos del corazón que antes habían estado tan agitados, volvían a su normalidad. De pronto, se repitió la escena como en cámara lenta, pero esta vez se inicio para mi una gran enseñanza.

"Analicé los pasos. Clamé al Señor en mi impotencia: '¡Compadécete de mí, Señor! Convierte mis actitudes agresivas en respuestas equilibradas que ayuden a mis hijos a madurar'. Dejé todos mis sentimientos de culpa en el corazón de Jesús y me dormí.

"Al día siguiente, a las 6 de la mañana tocaba en la puerta mi hijo. Le dije, 'Pasa, hijo, siéntate, vamos a hablar. Dime qué pasó ayer con los chicos con los que te peleaste'. Un poco sorprendido, pero con gran docilidad, me relató cómo sus amigos habían llegado a la casa y lo habian engañado llevándose unos cassettes que no le querían regresar. Entre los dos se habían burlado de él y lo querían provocar para pelearse. Él no había aceptado sus provocaciones, pues llevaba las de perder y, al sentirse impotente ante las amenazas del par de gandules que se burlaban de él, entró al patio, sacó al perro y le dijo '¡Échatelos' y así fue como ellos salieron despavorídos, antes de que el perro pudiera alcanzarlos. 'Eso fue todo, mamá'. ¡Me reí!

"Entonces le dije: A ver, hijo: ¿Tú crees que te mereces la golpiza que te di ayer?

—¡Sí, mamá!

—¿Estás seguro de que merecías los insultos, amenazas y gritos que tuve ayer contra ti?

—¡Sí, mamá!

—Pues estás equivocado. Tú no mereces que yo te maltrate.

"Se le abrieron los ojos como plato y me dijo: '¿por qué no?'

"Pues porque ahora que me dices lo que sucedió, me doy cuenta de que tanto tú como yo estamos padeciendo el mismo mal. Yo reaccioné contra ti sin más ni más. No te pregunté el por qué de tu conducta, como lo estoy haciendo ahora; no analicé los hechos, ni te enseñé nada; sólo te hice pedazos. Lo que sí te enseñé es a reaccionar y lo peor es que te convencí de que merecías los golpes y te cargué con toda la culpa.

"Después le conté acerca de mi oración y cómo me sentí. Le enseñé a descubrir lo que a él y a mí nos ocurría. 'Mira', le dije. 'Tú sacaste la fiera que tenías más a la mano, pues la que habita dentro de ti no es todavía lo suficientemente grande como para ganarle al par de gandules que te vinieron a agredir dentro de tu propia casa. ¿Cómo ibas a medir los alcances de tu decisión? Sólo sacaste tu fiera como me has visto sacar la mía. ¡Perdemos el control! Reaccionamos, hacemos lo que otros nos provocan a hacer, no lo que tú o yo queremos realmente. ¿Comprendes? ¡No somos libres! Las conductas de otros mueven nuestra voluntad. Estamos atados y necesitamos la ayuda de Dios para lograr la salud' .

"Oré por él y lloró con tanta fuerza, que sentí que las lágrimas sanaban sus heridas. Nos abrazamos, nos besamos, nos pedimos perdón y dejamos que la mirada amorosa de Dios nos bañara. Me dijo entonces: ¡Qué sensacional es lo que he aprendido hoy, mamá!'

"Mi hijo y yo hemos hecho una alianza que nos ha cambiado la perspectiva de las cosas, pues ahora tenemos conciencia de nuestros alcances y hemos puesto en oración nuestra enfermedad y todas las consecuencias que de ella veníamos cargando, como la culpa, la depresión y el miedo a dejar de ser amados.

"¡Qué hermoso es poder experimentar cómo la verdad nos hace libres', sobre todo cuando esa verdad nos es revelada por el mismo Dios que se encarga de enseñarnos con su pedagogía! Él es sencillo, no nos da más que la verdad escueta unida a su amor incondicional, haciéndonos sentir valiosos a sus ojos."

Conclusión. No importa cuántos años hayan pasado antes de saberlo, lo importante es que el hacernos libres, nos capacita para ayudar a otros que también sufren. Dios nos escucha y nos renueva para vivir con nuevos proyectos de vida, como corresponde a sus hijos. Él es el que nos desvuelve la dignidad, para no permitir que ese "niño interior", que todos llevamos dentro, siga sufriendo con las provocaciones conscientes o inconsientes de los que nos rodean; de tal manera que sabiendo cómo los podemos proteger, lo hagamos crecer y madurar hasta a la plenitud para la que fue creado.

Análisis del caso. Como podemos ver en este caso, Alicia fue capaz de ir analizando su situación durante mucho tiempo; sin embargo, no era capaz de evitar que las reacciones violentas la dominaran, y la culpa que cargaba era tal vez mayor porque se daba cuenta de su impotencia. Sin embargo, fue esta misma impotencia la que la llevó a clamar humildemente a Dios para que la ayudara.

Poco a poco, se desprendió lo suficiente como para poder contemplar desde afuera una de sus reacciones. Ver esto fue muy duro, pero fue el comienzo de un caminar que la va llevando paso a paso, primero a la recuperación de sus problemas emocionales y después a la conciencia de su codependencia y al deseo de salir de ella.

Una vez descubiertas las causas de las reacciones y su parte en la situación, debe ser ayudada para que su sentimiento de culpa se transforme en arrepentimiento, que la mueva al cambio.

En el caso de Alicia, hemos puesto el análisis junto con las soluciones, porque ella misma las fue encontrando, ya que verdaderamente entró en un proceso de recuperación muy serio. Comprendió que sus depresiones periódicas le impedían trabajar y funcionar como esposa y madre, no podían seguir invalidándola. Tenía que hacer algo.

Siendo una mujer de oración auténtica, una vez que se encontraron las raíces de su reacción en su niñez lastimada, insegura, abandonada, entró en un proceso de curación interior que la fue llevando a recorrer de la mano de Jesús toda su vida, dándole un nuevo sentido y sanando las heridas de su infancia que la tornaron temerosa de las críticas y de la imagen que los demás tuvieran de ella.

Este proceso ha sido largo, los resultados empiezan a dejarse ver; al menos es la primera vez que no cae en otra depresión en el transcurso de ocho meses, a pesar de que las circunstancias externas no han cambiado. A su alrededor todo sigue igual, pero ella empieza a ser libre para optar por responder en lugar de reaccionar.

En su familia también se dan cuenta de que ella se está saliendo del juego y puede ser espectadora de lo que sucede en vez de ser el actor principal. Este salirse del juego ha provocado desconcierto al principio, pero poco a poco va creando seguridad en los hijos que ven que sus provocaciones inconscientes no son contestadas.

El proceso no es de un día, una semana, un mes o un año; nadie sabe cuánto va a tardar; pero al menos es un proceso que ya empezo.

Se rodea de un grupo de personas que le brindan apoyo incondicional, que la entienden y la ayudan a analizar día a día sus actitudes y le dan la ayuda necesaria para seguir luchando.

La honestidad emocional necesaria para poder recuperarse se da en este caso de manera especial, a pesar de lo difícil que resulta aceptar que nuestras reacciones son desproporcionadas y que frecuentemente dejamos salir la fiera que hay dentro de cada uno de nosotros. Sin esta honestidad, la recuperación no puede darse, porque siempre se buscarían justificaciones y culpables fuera de nosotros para que las cosas sucedan. Si otros son los culpables y yo sólo soy la víctima, no hay nada que hacer, porque yo no puedo hacer nada con la voluntad del otro. Entonces permanezco donde estoy y sigo destruyéndome día a día, sin poder ni siquiera ver la verdad.

A la luz de Dios, puede enfrentarse la verdad por dura que ésta sea, con la certeza de que enfrentarla va a redundar en nuestro propio bien.

Solución

Comienza por observar tu conducta y tus sentimientos como si estuvieras fuera del escenario; contémplate a ti mismo y tus maneras de reaccionar. Cuando te sientas rechazado y tengas lástima, culpa o indignación de ti, es que algo o alguien en tu ambiente te ha tomado la medida. Analiza y descubre a qué o a quién estás reaccionando y decide dejar de hacerlo.

Cuando descubras que estás en medio de una reacción, di y haz lo menos posible hasta que entres en calma. Cuenta hasta diez, como nos decían nuestros padres, hasta que pienses qué es lo que vas a responder, en lugar de decir o hacer lo que sientas al primer impulso. Muchas veces, para serenarte, tendrás que salir a dar un paseo, ir de visita, salir de viaje, lo que sea, y encontrando espacio para ti mismo, podrás adueñarte de tus respuestas.

Una vez en paz, examina la situación; como es muy difícil ser objetivo cuando estás tan involucrado emocionalmente, trata de conversar con un amigo o con un terapeuta que te ayude a dilucidar lo que sucede. Lo que no puedes seguir haciendo es culpar a otros por tus sentimientos; nadie te "hace sentir"; eres tú quien siente y necesitas tomar la responsabilidad de esos sentimientos, además de aprender a darle a las cosas su justo valor, sin interpretaciones tuyas a las conductas de los demás. ¿Qué tan serio es el asunto? ¿Qué tan involucrado estás? ¿Qué soluciones son viables y cuáles no lo son?

Sentarte a discernir con gente que te apoye y comprenda es un paso muy importante para salir de la conducta reactiva.

Una vez que has discernido la situación, podrás ver más claramente lo que debes hacer. Si tienes que pedir una disculpa, hazlo. Ten la seguridad que con hacerlo no pierdes nada y que posiblemente es el primer paso para romper alguno de los juegos que has jugado por años.

Lo importante es que te ocupes de ti mismo, de tus necesidades. Para eso debes tener muy claras cuáles son tus responsabilidades y cuáles no lo son. Cuando las tengas bien deslindadas, preocúpate de ti mismo. Empieza algo que llene tus necesidades en las áreas estéticas, de diversión, de ejercicio, etc. No importa qué hagas, con tal de que lo quieras hacer por darte gusto, y al mismo tiempo llenes tu necesidad de descanso y entretenimiento.

Poco a poco, dejarás de centrarte en los demás y en lo que te hagan o dejen de hacer, y, como consecuencia, ya no reaccionarás a sus pensamientos, sentimientos, actitudes y comportamientos. Empezarás a ser libre para compartir y responder con tus pensamientos y sentimientos, entrando poco a poco en la coparticipación positiva. Te darás cuenta, al mismo tiempo, de cuántas cosas tienes para compartir en una relación y cuántas cosas buenas tiene el otro que tú no podías apreciar, porque estabas inmerso en el juego de reaccionar.

Oración

Señor Jesús:

He descubierto que no sé responder, que sólo sé reaccionar, y me siento muy mal por eso; me parece que mi voluntad y mi inteligencia han sido relegadas de mi vida.

¿Cómo es posible que haya permitido que todo el mundo y aun las circunstancias me manejen?

¿Cuándo empecé a reaccionar? ¿En qué momento permití por primera vez que el mundo externo tuviera más poder que mi yo interno?

¿Quién fue la primera persona que manejó los hilos de mi vida como si yo fuera un títere?

¿Cuándo aprendí a reaccionar a la menor provocación? Jesús, es tan doloroso descubrir que yo no he dirigido mi vida, sino que les he dado permiso a otros de hacerlo por mí. Me da vergüenza reconocer que me he dejado llevar por mis impulsos.

Hoy, Señor, quiero aprender a detenerme, a pensar, a decidir por mí mismo, a aceptar lo que es válido para mí y a desechar que otros me hagan poner en acción todos los mecanismos de reacción que siempre he usado.

Bajo tu mirada puedo ver el fondo de mi enfermedad, veo mi pavor a ser herido, tiemblo al sentir la cercanía del juicio de otros y salto para atacar antes de que el otro me ataque; reacciono al más pequeño aviso de no aprobación; todo mi ser se tensa gritándome: ¡peligro, peligro!, y suelto sin control todo mi coraje.

Señor, en estos momentos en que estoy ante ti, exponiendo mi corazón a tu mirada, siento por primera vez que puedo verme a mí mismo con el mismo amor con que tú me ves; puedo ver mi necesidad de amor y aprobación con paz; puedo decirte con toda humildad, pero con la confianza de que soy amado por ti: "Por favor, Señor, ayúdame, una palabra tuya bastará para sanarme"...

Atadura

Otra de las manifestaciones de la codependencia es la de "estar atado". Atar es no dejar a alguien ser libre para vivir su propia vida. La frase con la cual designamos esta obsesión es muy descriptiva: "estar atado" es vivir unido con lazos de esclavitud hacia otra persona.

Cuando dos personas están atadas, parece como si la vida de una dependiera de la otra. No son libres para tomar decisiones, ni para ser ellas mismas. Normalmente, las personas que están atadas no quieren vivir así; sin embargo, dicen no poder evitarlo.

Se ha visto que en el momento decisivo del nacimiento puede haber circunstancias que hagan que el bebé siga atado a su madre. Normalmente, son circunstancias traumáticas de diversa índole, como pueden ser el peligro de muerte de la madre, del bebé, o bien dificultades graves en el momento del parto, que no permiten al pequeño separarse de su mamá en forma adecuada.

En el momento del nacimiento, el ser humano experimenta una pérdida, que va acompañada una gran carga emocional (angustia de separación). Lo ideal sería poner al bebé sobre el vientre de su madre para cortarle el cordón umbilical. De este modo la separación sería menos traumática. Cuando el nacimiento se realiza en forma violenta o traumática, puede crearse una atadura de tipo psicológico en ambos, que dificulta el proceso normal de individuación y fomenta que se prolongue una simbiosis, que puede durar hasta la edad adulta.

La etapa simbiótica es una etapa natural del desarrollo del ser humano que se prolonga normalmente hasta los dos o tres años; pero en muchas ocasiones, ya sea por enfermedad del niño o por necesidades neuróticas de la madre, se prolonga más de la cuenta, impidiendo el desarrollo normal hacia la individuación del niño. Esta simbiosis prolongada repercute seriamente en la salud emocional de madre e hijo y las manifestaciones de esta falta de salud son muy diversas.

Hay ocasiones en que esta atadura puede observarse, como en el caso de muchos gemelos, que no pueden diferenciar bien los sentimientos del uno y del otro. En casos extremos, aunque sean educados en medios y circunstancias diferentes, la atadura persiste.

Recordamos el caso de una doctora, por la que oramos, que presenta una dermatitis y un cáncer, además de una infelicidad crónica que no sabía a qué se debía, ya que su vida familiar era muy buena. Oramos por ella y nos dimos cuenta de que presentaba una atadura a su gemela, que había muerto tres años atrás; entonces ella se empezó a enfermar.

Descubrimos que además de no haber vivido el duelo suficientemente, se sentía culpable por estar con vida y tener todo mientras su hermana estaba muerta.

Oramos especialmente por eso y cuatro meses después nos escribió una larga carta, contándonos cómo se había ido recuperando y sanando y cómo podía ahora sentir a su hermana muerta unida a ella por la Comunión de los Santos, pero ahora ya no sentía culpa, ni estaba atada.

También puede suceder que en la experiencia

de la muerte de uno de los padres, el niño o el adulto muchas veces permanece con una atadura muy fuerte con el padre que vive. Esto es mucho más palpable en los hijos póstumos y en los niños cuya madre muere en el momento del nacimiento.

Las pérdidas permanentes en los primeros años de la vida, especialmente la pérdida de la madre, nos llevan a la depresión, al desaliento y, a veces, a culparnos de esa muerte.

La muerte, al igual que el nacimiento, es momento de pérdida y de separación y está acompañada de los mismos sentimientos de angustia de los cuales hablábamos anteriormente. Se da también esta forma de atadura cuando se muere en forma violenta o traumática, o se encuentra en peligro de muerte uno de los padres. En estas circunstancias, el hijo puede quedar atado a la madre o al padre que sobreviven, ya que la raíz de este tipo de atadura puede ser una pérdida no aceptada, un duelo no llorado o un miedo tremendo al abandono del otro padre.

En uno u otro caso de esta atadura, ya sea que se originara en el nacimiento, en el momento de la muerte o en el peligro mismo de muerte, se siguen los mismos pasos para sanarla.

También han llegado a nosotros muchos casos que presentan este tipo de atadura, y que sin embargo no tenían las mismas raíces.

Estudiando una historia detallada de ellos, encontramos que en un porcentaje muy alto, el hijo que estaba atado a la madre o al padre, había sido concebido después de otro hermano o hermana que había muerto, o bien después de un embarazo que no había llegado a su fin, y en el cual el bebé había muerto.

Todos los miedos de que este nuevo hijo muriera, impedían a los padres soltarlo y dejarlo vivir su vida. También vimos que cifraban en él o ella todas las expectativas que habían tenido con el hijo muerto, y esperaban que éste las llenara. Por eso nada de lo que este hijo hiciera era suficiente para los padres, y siempre se veía forzado a tratar de lograr más y más para satisfacerlos.

En la mayoría de estos casos no se sienten aceptados y amados por sí mismos, y ni siquiera se dan cuenta ni entienden la causa.

También la atadura mencionada aparece en el caso de un embarazo con peligro de aborto. Si el bebé se salva queda atado a la madre por el miedo que ella tiene de perderlo.

Hacer conscientes a las personas de las raíces y las causas de la atadura no basta, es necesario orar para que esto se rompa; y podemos afirmar que los resultados que hemos visto han sido increíbles.

Como prueba de ello tenemos las cartas de muchas personas por las que hemos orado en esta línea, y que nos cuentan cómo sus vidas han cambiado radicalmente después de la oración, pues sus actitudes son distintas, y se dan cuenta de que pueden amar en forma diferente, sin posesividad, sin miedo, dejando al otro ser libre.

Las características de la obsesión a estar atado son posesión, falta de respeto al otro, control, manipulación en la persona que ata; y enojo, desamor y bloqueo emocional en la persona que está atada.

Los frutos que produce esta conducta son muy negativos en la persona que está atada: rebeldía, rechazo, enojo y culpa; resentimiento y confusión en la persona que ata.

Casos

El caso de María

María siempre ha querido ser buena mamá. Sin embargo, no lo había logrado con la más pequeña de sus hijas, la cual se quejaba de la conducta posesiva y dominante de su madre.

Un día en que la joven se encontraba lejos de su casa, le escribió a su mamá una carta compartiéndole sus verdaderos sentimientos. En ella le decía que no le gustaba sentirse poco respetada en sus decisiones y en su modo de ser.

Cuando María enfrentó esta dura realidad, no pudo menos que reconocer que su hija tenía razón y que, por más que lo deseaban, no podían relacionarse en forma adecuada.

Lo primero que hizo María fue expresar sus sentimientos de tristeza y frustración. Después, decidió contestar la carta y pedirle perdón a la joven, reconociendo aquellas actitudes con las cuales sentía que la había lastimado sin querer, y le ofreció hacer esfuerzos por cambiar, platicando con ella cuando volvieran a verse.

Al regreso de la chica, las dos trataron de

poner en práctica lo pactado; pero a pesar de los esfuerzos de ambas, la relación tenía altas y bajas y no entendían bien lo que sucedía, ni la una, ni la otra.

Era muy doloroso constatar que no podían dar pasos firmes para que su trato fuera mejor. Se repetían los patrones negativos, sin que ellas pudieran tener control sobre éstos.

Así pasaron algunos años, hasta que María escuchó una plática en la cual una persona explicaba lo que era una relación codependiente de este tipo. Allí fue donde encontró la respuesta a su gran necesidad. Reconoció que estaba atada a su hija y esto la hacía actuar, sin quererlo, como si la vida de la joven dependiera de ella.

Recordó que cuando la niña nació, la separaron de ella porque estuvo en peligro de muerte, y entendió que por eso cada vez que sentía a su hija lejana, sola o sufriendo, se sentía responsable de eso, como se sentía culpable de haberla dejado sola cuando nació. Por su parte, cada vez que su mamá se sentía enferma de algo, la joven se sentía culpable, como se había sentido inconscientemente culpable de haberle causado peligro de muerte con su nacimiento.

Análisis del caso

1. María reconoció su problema, y, al darse cuenta de su codependencia, decidió compartir con su hija esta experiencia.

2. Las dos reconocieron que estaban atadas y que no podían solucionar esto solas.

3. María le entregó a Dios esa noche a su hija y le suplicó que la librara de estar atada a ella.

4. Pidió a su comunidad que orara para encontrar la raíz de esta atadura.

5. Al descubrir cuál era la raíz, pidió oración de sanación.

6. Otras personas oraron también por su hija.

7. La comunidad sigue acompañándola en el proceso de cambio de las actitudes negativas.

Para orar por ellas, se pidió a Jesús que se hiciera presente en el momento del alumbramiento y las separara amorosamente,cuidando Él de cada una. Jesús cortó los lazos negativos que las ataban, sanó el trauma del nacimiento las protegió con su amor sanador y trajo a su Madre para que se ocupara de ellas. Así fue como quedaron libres de la culpa que entró en ellas a través de la herida mencionada.

Solución

En el caso de cualquier persona que está atada a alguien, debemos buscar la raíz para ver en qué momento hubo una pérdida o un peligro de pérdida. Después, podemos invitar a Jesús a hacerse presente en ese momento, para que al traernos su amor incondicional pueda sanarnos. Es necesario pedirle que rompa las ataduras negativas causadas por culpa, trauma, resentimiento, etc., ya que sólo así podemos dejar libre a la persona para recibir también el amor sanado que es principio de paz y libertad, pues cuando el Espíritu Santo viene a llenarnos de amor, nos ayuda a vivir plenamente con los frutos positivos que Él produce en nosotros y es entonces cuando podemos crecer en una relación nueva y sana.

Oración

Señor Jesús:

Gracias por ayudarme a descubrir que estoy atado a esta persona (decir el nombre) que amo tanto; te pido cortes tú esa atadura.

Hemos sufrido mucho por venir arrastrando una relación en la que nos hemos hecho daño sin quererlo.

Hoy te pido que me reveles la raíz de esta atadura. Y al revelármela, te invito a hacerte presente en ese mismo momento en que todo comenzó.

Rompe tú mismo esa atadura y abrázanos a los dos, pues somos tus hijos.

Llénanos de tu amor incondicional. Que ambos podamos saber que tú estás con nosotros siempre.

Líbranos de la culpa y del resentimiento.

Ayúdanos a perdonamos por habemos lastimado todo este tiempo.

Danos la libertad que cada uno necesita para vivir una vida plena.

Llénanos de tu amor y de tu misericordia. Que podamos caminar desde hoy en adelante llenos de la paz y del gozo que viene de ti.

Amén.

Dependencia

Ser dependiente significa no ser uno mismo, no tener opciones, actitudes ni comportamientos libres.

Depender emocionalmente de otra persona significa paralizarnos si esa persona no nos da su aprobación; ser felices o desgraciados según el humor o la conducta del otro; tener constantes expectativas sobre cómo queremos que el otro sea y frustrarnos porque no lo es.

Ser dependientes significa que la felicidad de otros es más importante que la nuestra propia, y que les permitimos tomar decisiones sobre nuestra vida, que nos corresponden únicamente a nosotros.

Nuestra sociedad nos prepara desde que nacemos para ser dependientes en nuestras relaciones. Nos enseñan desde pequeños a depender psicológicamente, primero de nuestros padres, luego de los maestros en la escuela y después, de algunos miembros de la Iglesia. Tenemos que hacer siempre lo que sabemos que los demás esperan que hagamos, y esto va creando en nosotros mucho resentimiento, culpa, constante preocupación Y ansiedad, pues depender de la aprobación de otros nos quita la libertad de ser nosotros y muchas veces mentimos o distorsionamos la verdad para que el otro no se enoje.

Complacer a otra persona para luego exigirle lo que nos debe por nuestra devoción, es también una forma de ser dependiente.

Por supuesto que no nos volvemos dependientes de pronto, pues se necesita toda una vida en la que enseñamos a la gente a dominarnos y a tratarnos como si ellos se lo merecieran todo y nosotros no mereciéramos nada. Muchas personas escogen voluntariamente ser dependientes, porque esto les trae ciertas conveniencias, tales como sentirse bien consigo mismos por estar complaciendo a otros; porque asi no son responsables de su propio comportamiento y pueden echarle la culpa a otros; porque no tienen que correr el riesgo de decidir o cambiar, pues es más fácil ser seguidor que líder.

Sin embargo, se ha descubierto que el dependiente escoge serlo, pero acumula mucho enojo contra la persona de la que depende.

El enojo acumulado, además de que incapacita o paraliza a la persona cuando no se llenan sus expectativas, la lleva no sólo a debilitarse emocionalmente, sino a veces también a una debilidad física, resultado de la tremenda frustración que vive. De aquí provienen muchas úlceras, fatiga, insomnio, hipertensión, estrés, depresión, etcétera.

El enojo reprimido parece no existir, pero ahí está, agazapado detrás de una cara indiferente o de una sonrisa estudiada. La negación de éste es un alimento para la depresión.

El enojo y el resentimiento pueden estar guardados por años, quizá hasta parezca que han desaparecido; pero señales de que existen dan la voz de alarma, tales como sentimientos de desilusión y sensación de ser dejados a un lado, subidas y bajadas de peso sin razón aparente, dolores y enfermedades crónicas (dolores de cabeza, espalda, estómago), evasión de relaciones con parientes y amigos, sensación de pérdida, etcétera.

Lo peor de todo es que no sólo existen esos sentimientos negativos, sino que los sentimientos positivos, como el gozo y el amor, son aplastados por los primeros.

El enojo hace que el compartir la intimidad y el abrirnos se vuelvan cada vez más difíciles. Nos torna solitarios, extraños, rechazantes, desconfiados y resentidos.

Los sentimientos de enojo reprimido nos llevan a relacionamos en una forma no auténtica, exactamente contraria a la manera que el codependiente espera y convirtiéndose entonces el enojo en una aplanadora que destruye todo lo que quiere proteger.

El enojo necesita un enemigo y, a menos que definamos quién o qué es el enemigo, pelearemos en contra de alguien o de algo, sea o no el causante de nuestro enojo; y si esto no se soluciona, llegaremos a sentir que el mundo entero es nuestro enemigo y viviremos en un constante estado de defensa-ataque.

Por ejemplo, cuando a un hijo se le prohíbe con gritos alguna cosa, el niño aprende cómo puede sacar de sus casillas a su mamá. Con esto nos damos cuenta de que el enojo, en cualquier relación, solamente estimula al otro a continuar actuando como lo está haciendo. De esta forma, cuando usamos el enojo contra el comportamiento de alguien, le estamos dando derecho a actuar como lo hace y además, le abrimos el camino para que pueda molestarnos.

En las personas dependientes, el hecho de complacer a toda costa, no es más que una forma de acallar sus verdaderos sentimientos, los cuales no son buenos ni malos en sí mismos, sino que son buenos o malos en la medida de lo que se haga con ellos. A veces tenemos ganas de matar a alguien y nos asustamos de sentir esto. De esta forma preferimos negar dicho sentimiento y optamos por complacer para compensar, sin darnos cuenta de que al complacer, reprimiendo o negando los sentimientos, éstos se convierten en un enojo callado que tiene muchas consecuencias negativas para nosotros. Complacer para compensar no da control a los sentimientos negativos, no nos hace sentir bien con nosotros mismos, ni tampoco nos da la seguridad que buscamos.

El que es dependiente es una presa fácil de personas controladoras, ya que su baja estima y su necesidad obsesiva de aprobación lo hacen vulnerable.

Desde pequeños, nuestros padres, maestros, etc., nos enganchan en el juego de complacer para ser amados, y esto se convierte en fundamental para nuestra subsistencia. Casi todos crecimos oyendo este mensaje: "Si eres una persona sensible y buena, si ayudas y complaces a otros, serás aceptada y te amarán", y, en consecuencia, creemos poseer la fórmula mágica del amor: "complacer, complacer, complacer"; pero desgraciadamente, nos enfrentamos con una tremenda frustración y, a la larga, todo esto nos trae muchas desilusiones.

Casos

El caso de Rosita

Rosita era una persona de carácter apacible, hija de una familia numerosa y no tenía un lugar predominante entre sus hermanos. Buscando su identidad, se convirtió en "la buena" de la familia. Siempre procuraba complacer a todos, olvidándose de ella misma y de sus necesidades.

Necesitaba en demasía la aprobación de la gente, pues dependía de esa aprobación. Su inseguridad la enmascaraba haciéndose creer que con poco se sentía feliz.

Muchas veces, no se atrevía a expresar inconformidad o una opinión propia, por miedo a ser rechazada. No se sentía suficientemente importante, ni digna de ser amada, y por eso, dejaba de ser ella misma para ser lo que otros esperaban que fuera. Su necesidad de ser requerida la llevaba hacia personas débiles, enfermos con problemas serios, etc. En cuanto a su trabajo, su entrega era absoluta y esperaba con ansia que se lo reconocieran.

Hipotecaba su vida en empresas que demandaban demasiado de sí misma y no podía decir que no a nadie, aun a pesar de sacrificar su libertad y parte de su vida.

El rechazo de la gente le afectaba tanto que se volvía una obsesión que la llevaba a la depresión y a la angustia. Se pasaba horas analizando cada actitud, cada palabra que hubiera podido causar molestias en los demás, al grado de quitarle el sueño.

En el colegio, tuvo una educación rígida. Allí lo importante era "lo que se debía hacer". El fallar a ese deber le significaba una falta tan grande, que se generaba dentro de ella un sentimiento de culpa que la llenaba de ansiedad y la hacía tener en mente su falta como una obsesión, de tal manera que difícilmente podía dejar de pensar en ello, y deseaba, además, que nadie se diera cuenta de lo sucedido.

Cuando llegó a la adolescencia, tanía miedo de enamorarse, temía que la persona escogida pudiera fallarle, pues su inseguridad y baja autoestima le hacían pensar que no tenía los atributos necesarios para conservar al hombre que amara.

A pesar de todas sus inseguridades, quien la trataba podía pensar que era una persona segura de sí misma y que no tenía miedos; esa imagen la hacía invulnerable ante los demás, pero todas sus acciones iban siempre revestidas de una gran necesidad de ser aprobada.

Rosita se casó y siempre buscó representar bien su papel. Para educar a sus hijos, repitió todos los estándares aprendidos. Cuando éstos crecieron tenían ideas propias que disentían de las de ella, y Rosita, en lugar de darse cuenta de que la época había cambiado, cuando ellos expresaban desaprobación a las ideas que quería imponerles, sentía que lo que ellos rechazaban no era la imposición, sino que la rechazaban a ella.

Cada vez que alguien no pensaba como ella, se sentía rechazada y se defendía como si el otro realmente le atacara o le ofendiera.

Por muchos años vivió más o menos tranquila, lleveandose bien con la mayoría de la gente. Había logrado, según ella, el aprecio, la estimación y el respeto de su familia, de la familia de su marido y de los amigos de ambos, aunque para ello hubiera tenido que olvidarse de sí misma.

Un día, las cosas cambiaron de golpe. Por primera vez durante todos esos años, sentía una gran necesidad interior de ser ella misma y de alzar la voz, expresando sus propios pensamientos, atreviéndose a no estar de acuerdo con los demás y oponiéndose a los deseos de ellos.

La concecuencia de tales actitudes no se dejó esperar: fue reprobada y rechazada por todos.

Esto bastó para destapar la bomba. Ella descubrió que nuna se había dado el derecho a tener necesidades, que toda su vida había tenido sólo una meta: *Ganar el amor y la aceptación de los demás.*

Este descubrimiento fue muy doloroso, pues pudo darse cuenta de que lo que ella consideraba abnegación y virtud, no era sino simplemente necesidad de aprobación. Como ella se consideraba indigna de ser amada por sí misma, sólo sería amada si hacia lo que los otros querían que hiciera.

Descubrió por primera vez que tenía una opinión propia, y el expresarla causó un caos a su alrededor. Esto era el resultado de haber enseñado a todos a actuar sin tomarla en cuenta y sin considerar sus sentimientos como algo importante.

Cuando Rosita tomó conciencia de su dependencia, de su necesidad de aprobación y de sus verdaderas motivaciones, se sintió deshecha. Se vio al desnudo ante Dios, y cayó en una depresión de la cual pudo salir con medicamentos y oración.

Después de empezar el tratamiento, se vió a sí misma en su realidad y conoció por primera vez el amor incondicional de Dios, que la amaba tal y como era ella: desvalida, insegura y buscando amor a toda costa. También se dio cuenta de que podía disentir de Dios, que podía hablarle sin caretas, que podía decirle la verdad siempre, que no tenía que buscar las palabras adecuadas para comunicarse con Él, Él la amaba y la aceptaba sin condiciones, y eso fue el comienzo de su sanación.

Análisis del caso. Rosita, al ser hija de una familia numerosa, encuentra difícil conocer su verdadera identidad. Se siente perdida entre varios hermanos, y al no tener una cualidad especial que la hicera sobresalir entre ellos, busca el papel de "la buena".

Este papel tiene pocos riesgos y muchas ventajas. Todo mundo acepta al que no causa problemas, puede ser incluido en todos los planes y aceptará lo que se le pida.

Admira las cualidades de sus hermanos, pero ella se siente en desventaja; no confía en su propio valer y piensa que todos son mejores que ella. Desarrolla el instinto para saber cómo es cada persona y qué espera cada quien de ella.

Se autoconvence de que se conforma con poco y de que sus necesidades son mínimas; se dice a sí misma que no hay problemas, que su vida es fácil y que no existen dificultades.

Cuando por primera vez siente que lo que está viviendo sobrepasa su capacidad de negación, y acepta que algo anda mal, que sus sentimientos emergen con fuerza y que no puede reprimirlos más, surge el caos.

1. Nadie piensa en ella, porque les enseñó que no tenía sentimientos propios y que no causaría problemas.

2. Ella se asusta de lo que es capaz de sentir en su interior. Se da cuenta de lo fuerte de sus sentimientos; que son incontrolables y que, por supuesto, no van de acuerdo con los de los demás. Elige decir por primera vez: "Aquí estoy, soy importante, tengo algo que decir y opto por hacerlo"; es decir, toma el riesgo de contradecir a los demás y de sufrir su rechazo.

3. Como ya no puede reprimir sus sentimientos, los expone con tal fuerza y con tan

poco control, que agrede con ellos. Esto es algo semejante a una botella de champaña, que al quitarle el tapón, el líquido no sólo queda libre para servirse, sino que sale sin control, desparramándose y mojando lo que está a su alcance. La champaña, como los sentimientos, es algo preciado; pero si no se sabe manejar, puede molestar a otros.

4. El darse cuenta que los demás habían aceptado a la Rosita dócil, buena, sin necesidades y opiniones propias, y no a la verdadera Rosita que en ese momento ella misma descubrió, la hizo sentirse terriblemente sola y rechazada, pues sólo era aceptada la imagen que ella había dado a los demás por tantos años y no la Rosita que estaba surgiendo por primera vez.

Este enfrentamiento con la verdad fue más fuerte que todos los mecanismos de defensa que ella usaba tan bien y acabó por llevarla a la depresión. Había perdido su imagen que le había funcionado por 40 años; sentía el rechazo, el sentimiento de no haber logrado nada, su autoestima estaba más baja que nunca, tenía sentimientos de fracaso, pensamientos obsesivos e incapacidad de hacerlos a un lado; irritabilidad, negativismo, cambios en los hábitos alimenticios, de sueño y de diversión.

Rosita, por sentirse débil, ha encaminado su vida a servir y ayudar a otros más débiles que ella. Esto la hace sentirse bien consigo misma; primero por saber que hay alguien más débil que ella y, después, porque comprende en carne propia lo que es sentirse en desventaja.

Otra característica de la codependencia de Rosita es que siente como rechazo a su persona el que los demás no piensen igual que ella.

A todo el mundo le afecta que otros disientan de su modo de pensar, pero en personas sanas, esto sería un incentivo para estudiar, averiguar, aprender, madurar, etc. En una persona codependiente, esto es motivo suficiente para una obsesión, ansiedad y muchas veces, en casos extremos, hasta una depresión.

El tomar conciencia de sus verdaderos sentimientos y aceptar ante los suyos que los tenía, la puso en una posición de honestidad ante ella misma y ante Dios, y por primera vez experimentó realmente el amor incondicional de Dios, quien la aceptaba tal y como era en verdad.

El contacto con este amor marcó el principio de su sanación.

Solución

Al final de cada manifestación de la codependencia, damos algunas soluciones. No queremos decir con esto, que por seguir reglas paso a paso, se vayan a resolver casos que se han desarrollado durante toda una vida hasta llegar a situaciones muy complejas; simplemente queremos señalar aspectos que deben corregirse y herramientas que pueden ser útiles.

Lo contrario de la dependencia es la libertad. Esto significa irse convirtiendo en uno mismo, con opciones, actitudes y comportamientos libres.

Cuando una persona depende de otra para vivir, le está entregando su vida. Dios nos creó y nos dio a cada uno la responsabilidad de la nuestra. Cuando después de la muerte nos presentemos ante Él, nos preguntará qué hicimos con nuestra vida y no qué fue lo que la otra persona hizo con la nuestra. Por lo tanto, todos nosotros debemos responsabilizarnos de crecer, madurar y dar fruto. Nunca es tarde para decidirnos a hacerlo.

Cuando hemos llegado al grado de dependencia en donde nos cuesta trabajo decidir qué comprar, a dónde ir, qué restaurante escoger, qué ropa usar, etc., ¡cuidado!, pues eso quiere decir que ya ni siquiera le estamos dando a nuestra mente el respeto que se merece, el derecho de pensar y decidir.

Nuestra codependencia puede controlar nuestra vida hasta en sus más mínimos detalles. ¿Por qué?, te preguntarás. Porque nuestras emociones reprimidas, nuestra baja autoestima, la tensión que tenemos en nuestra ansiedad de complacer y buscar la aceptación, nos paralizan. Dependemos de los demás para pensar, porque ya no confiamos en nosotros mismos para decidir correctamente; porque nos da miedo diferir de los demás en nuestras elecciones, nos da pavor contradecirlos, hacerlos enojar y provocar que nos rechacen.

La dependencia llega a convertirse en un modo de vida. Nos acostumbramos a vivir preocupados, obsesionados, ansiosos, temerosos. No podemos quitar la mente de las personas o hechos que nos atan; se convierten en una verdadera obsesión. Hemos dejado de saber qué sentimos, qué necesitamos y quiénes somos; ya se ha desarrollado en nosotros un hábito de preocupación, reacción y pensamientos obsesivos.

El único camino que nos ayudará a salir de ese agujero es el desprendimiento.

El desprendimiento es la meta de la mayoría de los programas de recuperación para codependientes. Es lo primero que tenemos que ir logrando. No podemos empezar a trabajar en nosotros mismos, a vivir nuestras propias vidas, hacernos conscientes de nuestros sentimientos y resolver nuestros problemas hasta que nos hayamos desprendido del objeto de nuestra obsesión. Parece que Nuestro Señor no puede hacer nada por nosotros, hasta que nos hayamos desprendido.

El desprendimiento no es un retiro frío y hostil, ni una aceptación resignada o desesperada de cualquier obstáculo que la vida o la gente arroja a nuestro paso. No es caminar por la vida como robot, sin que las personas y las cosas nos afecten. No es extirpar el amor. Es "soltar el amor". Es desligarnos mental, emocional y a veces físicamente, de complicaciones no saludables y frecuentemente dolorosas de la vida de otra persona, de sus responsabilidades y de sus problemas que no podemos resolver.

El desprendimiento parte del hecho de que cada persona es responsable de sí misma, que no podemos resolver problemas que no son nuestros, y que preocuparse y obsesionarse por ellos no ayuda en nada. Les permitimos a los otros ser lo que son, les damos la libertad de ser responsables y de crecer, y nos damos nosotros la misma libertad. Luchamos por averiguar qué se puede cambiar. Si no está en nuestras manos hacerlo, dejamos de preocuparnos y enfocamos todas nuestras energías a buscar lo que es bueno para nosotros mismos en este momento. El desprendimiento nos lleva a vivir en el aquí y en el ahora. Dejamos que la vida suceda, en lugar de forzarla o tratar de controlarla. Abandonamos los arrepentimientos por el pasado y los temores por el futuro. Sacamos lo mejor de cada día.

El desprendimiento incluye también aceptar la realidad. Requiere fe en nosotros mismos, en Dios y en otras gentes. Nos ponemos en manos de aquel que puede hacer todo por nosotros y tratamos de no estorbar su obra.

Aprendemos a amar sin volvernos locos; no quiere decir que nos convirtamos en seres indiferentes, sino que dejamos de crear el caos de nuestra mente y a nuestro alrededor.

Esto va a traernos como fruto la paz, la capacidad de dar y recibir amor, en experiencias que nos hagan crecer. Nos da la libertad para vivir sin atormentarnos con sentimientos de culpa enfermizos, y permite a los que nos rodean tomar la responsabilidad de sus vidas, Y asi crecer también.

El desprendimiento es don de Dios. Ponerlo en

práctica es acción y arte que dependen de nosotros. Es una forma de vida, es un don que el Señor puede dar a quien lo pida. El desprendimiento puede convertirse en una forma de vida, igual que lo era anteriormente el obsesionarse, preocuparse y controlar. Sólo podrá lograrse con la práctica. Tal vez consigas desprenderte con amor, pero si no lo logras, hazlo aunque sea con rabia, como lo dice **Melody Beattie** en **codependent no More**, así estarás al menos en una posición desde donde sea posible trabajar con los resentimientos y las preocupaciones.

Debemos desprendernos, cuando no podemos dejar de pensar, hablar y preocuparnos por alguien o por algo; cuando nuestras emociones están revueltas y en ebullición; cuando no podemos soportar ni un minuto más; cuando sentimos que colgamos de un hilito y que ese hilito se está rompiendo. Es también desprenderse el comprender que el otro tiene necesidades y sentimientos tan respetables como los míos.

El desprenderse es como gozar del sol en todo su esplendor, pero no morir si éste no sale. Es gozar de una buena música mientras dure, sin pensar que cada nota que oimos nos acerca al mal de la pieza. Es vivir amando, y no pensando en estrategias para que nos amen.

El desprendimiento necesita de la aceptación de que soy capaz y merecedor de pensar, vivir, decidir y ser feliz; de que puedo vivir no con resignación, martirio, pesar, tristeza y desesperación, sino con entusiasmo, alegria, deseo de superación, páz y capacidad de dar amor, de dejar en libertad y de amar sin exigir.

Vivir con desprendimiento es despertar cada dia con el entusiasmo de descubrir las maravillas de Dios para conmigo; es buscar lo bueno que hay en mi y en otros; es pensar que soy capaz, por gracia de Dios, de hacer lo bueno; es decirme cada dia cuánto amor hay en Dios para mi, cuánto amor hay en mi para Él; cuánto amor hay en otros para mi y cuánto amor hay en mí para otros.

Es creer que Dios cuidará de mi, aunque yo no lo vea; es saber que mi vida es más preciosa para Él que para mi. Es aceptar que Él confió en mi para darme la vida; es reconocer que soy digno de tal amor; que todó un Dios murió por mi para qué yo fuera libre. Es entender que Él me dio el secreto de la vida en libertad; "Amarás al señor tu Dios con todo tu corazón y a tu prójimo como A Tl MISMO".

En este caminar hacia el desprendimiento nos es posible darnos cuenta de los diferentes tipos de relaciones que pueden darse entre las personas; desde la más enfermiza hasta la más sana y desprendida, en la cual damos lo mejor de nosotros mismos sin quedar destruidos.

El cuadro que sigue fue presentado por el doctor Tom Wikstrom, de la Clínica Willough en Naples, Florida. Dicho esquema, así como las explicaciones respectivas, fueron presentados en un seminario sobre codependencia en Jacksonville, Florida, en febrero de 1969.

PATRONES DE INTERACCION

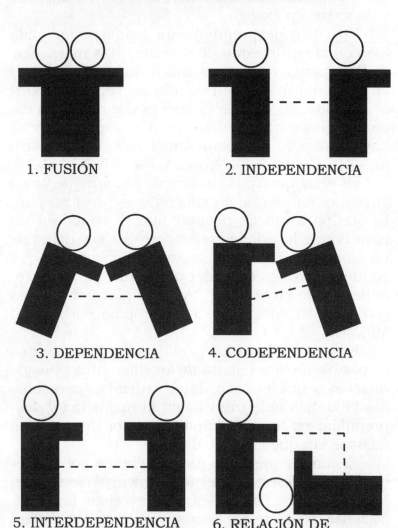

1. FUSIÓN

2. INDEPENDENCIA

3. DEPENDENCIA

4. CODEPENDENCIA

5. INTERDEPENDENCIA

6. RELACIÓN DE DESPRENDIMIENTO

Dr. Tom Wikstrom. Clínica The Willough, Naples, Florida.

Fusión

En este primer dibujo vemos a dos personas que no se relacionan; se funden. Ninguna puede crecer y ver la vida con perspectiva, se estancan, porque una depende de la otra en tal forma que no saben vivir por sí mismas.

Independencia

Las personas en esta relación van cada uno por su lado. No hay interés en comunicarse y se podría asegurar que la relación no existe; hay demasiado espacio entre ellas y sus intereses y metas son distintos.

Dependencia

En esta relación existe espacio entre las dos personas; no están fundidas en una sola. Sin embargo, hay difleultad para guardar el equilibrio y la estabilidad, así como la satisfacción en la relación.

Codependencia

Una persona se hace cargo de la otra. Es muy dolorosa esta relación para ambas, ya que de alguna manera la que se hace responsable se enoja por tener que hacerla, y aquella que depende, pone toda la responsabilidad en la primera.

Interdependencia

Esta es la relación ideal. Existe espacio en la unión. Cada quien se da el derecho de ser quien es. Se buscan mutuamente, pero al mismo tiempo se permite "ser". Cada uno aporta a la relación su riqueza y ambos maduran, crecen y se enriquecen mutuamente.

Relación de desprendimiento

En esta relación, una de las personas está sana y es libre de ser quien es y deja a la otra serlo a su vez. La primera se hace responsable de sí misma, y aunque da lo que puede, no toma sobre sí la responsabilidad de la otra persona. Esta es la relación que todos podemos tener, aunque los que tengamos cerca (cónyuge, padres, hijos, hermanos), no quieran ser libres, o no puedan o no quieran cambiar.

En cualquier relación de dos, ambos aportan a ella lo que son. Si dos personas enfermas unen su enfermedad, la relación está destinada al fracaso; pero si una de las dos personas enfermas llega a sanar, está dando a la relación su porcentaje de salud y esto puede cambiar la relación.

Por eso te animamos a que cambies tú; a que no esperes a que la otra persona cambie. Piensa que si tú lo haces, ya estás modificando la relación. Tú te sentirás libre y darás al otro lo que puedas, pero ya no será tuya la responsabilidad, como hasta ahora has sentido, si el otro no pone lo que le corresponde.

Oración

Ahora vamos a orar con la Palabra de Dios. Si eres hombre, el pasaje adecuado para ti es aquel en que Jesús resucita al hijo de la viuda de Naím (Lc. 7; 11-17). Si eres mujer, el pasaje adecuado es el de la hija de jairo (Lc. 8; 40-55, Mc. S: 21-43).

Lee tres veces el pasaje que escojas de preferencia en voz alta, en un lugar recogido y silencioso, y pídele al Espíritu Santo que te haga vivirlo plenamente.

Cierra los ojos e imagínate el lugar. Hay mucha gente; todos quieren acercarse a Jesús, te empujan, te pisan, nadie se preocupa por ti, sólo les interesa acercarse a Él. Percibe el olor característica de cuando estás en medio de una muchedumbre. Todos hablan al mismo tiempo y aunque tratan de hacerlo a media voz, parece que gritan; sólo puedes entender palabras sueltas, pero que no te dicen claramente lo que sucede alrededor de Jesús.

Sientes ahogo, y decides salir de ahí y buscar otra ocasión más propicia para acercarte a Él. De repente, oyes gritos y la gente empieza a abrir paso a alguien; debe ser muy importante, porque todos se hacen a un lado. Sin saber cómo, te encuentras parada en el centro, sola; volteas a un lado y observas que un magistrado viene hacia ti, pero sus ojos no te miran porque están viendo a alguien que está detrás de ti; entonces te das cuenta de que viene en busca de esa persona: Te vuelves y descubres que al que mira es a Jesús. Apenada por estar en su camino te haces a un lado, pero como ellos se reúnen frente a ti, puedes oír lo que este hombre, le pide a Jesús.

Él quiere que vaya a su casa a ver a su hija que se está muriendo. Jesús accede y empieza a caminar, pero como estas tan cerca de Él, le pones tu mano en su brazo y le dices: "quiero ir contigo". El sonríe y te dice: "Ven". El corazón te late con fuerza, no quieres saber lo que piensan los demás de tu atrevimiento, por eso bajas los ojos y lo sigues.

¿Qué me pasa?, te preguntas. ¿Qué fue lo que me impulsó a hablarle? y así, hablándote a ti misma, recorres el camino hasta la casa del magistrado, que según oíste, se llamaba Jairo.

Cuando llegan ahí, te das cuenta de que todo el mundo llora y le avisan a Jairo que la niña ha muerto. El corazón te da un vuelco, pero oyes cómo Jesús les dice: "No teman, tan sólo está dormida". A pesar de los cuchicheos de algunos, sientes dentro de ti que Él dice la verdad.

Cuando Jesús entra, extiende la mano hacia ti. La tomas y sientes que el contacto con ella acelera los latidos de tu corazón. Entras con Jesús al cuarto donde está la niña. Él se acerca a ella y tú permaneces en el umbral, pero no puedes seguir ahí porque Jesús te está llamando con su mano.

Caminas unos pasos y te detienes cerca del lugar en donde la niña está tendida. La miras y al verla, sientes como si todo te diera vueltas. ¡Esa niña eres tú! Volteas hacia Jesús y con tu rostro, sin palabras, le preguntas por qué estás ahí. ¿Qué pasa? Notas en su rostro un gran dolor, una tristeza e inmediatamente sabes que está sufriendo por esa niña.

¿Quieres saber por qué se ha ido dejando morir?, te pregunta. Mueves tu cabeza y le dices que sí. Después fijas tu mirada en la niña. Sin abrir los ojos, la pequeña empieza a hablar. Lo hace dirigiéndose a Jesús, con una voz tan baja que parece un murmullo. Tienes la sensación de que carece de fuerza y su voz se oye monótona, sin inflexión, cansada.

Le dice a Jesús: "Me he dejado morir porque ya no puedo con la vida; siento que sus exigencias son más grandes que mi fuerza. ¿No comprendes el dolor tan grande que tengo al descubrir que mi vida ha sido una farsa? No pude soportar la verdad. Yo había creido siempre que era una persona llena de bondad. Pensé que había complacido a todos, porque era generosa; un ejemplo de amor; que mis necesidades eran pocas y no eran importantes; que por virtud me había sometido a los demás; Y había ido sembrando amor por todas partes, que me había entregado a todos sin condición; que me había olvidado de mí viviendo para otros. Hoy la verdad se me presenta sin piedad. Lo único que había estado haciendo en realidad era buscar el amor y la aceptación de los demás. No había virtud en mí. Todo lo que había hecho durante mi vida era mendigar amor, humillándome muchas veces para recibir limosnas de amor y de aceptación.

"Hoy, Jesús, al mirar mi verdad, he preferido morir. Descubrir que me siento tan poca cosa es muy doloroso. Me avergüenzó también de estar ante ti, porque todo lo bueno que he hecho, no lo hice en realidad por ti. Sentí que también contigo tenía que luchar para ganarme tu amor, y lo único que quería lograr era tu aceptación. Por eso escogí morir; es más fácil que enfrentar a todos aquellos a quienes creí amar desinteresadamente y que, en el fondo, he pensado que me debían algo."

Contempla a la niña cómo mueve su boca cada vez más despacio y su voz es ya inaudible. Jesús la acaricia con ternura y le dice: "Pequeña: Yo no te he amado por lo que has hecho. Yo te amo por lo que eres. Yo veo el fondo de los corazones y conozco el tuyo. Sé por qué sufres, por qué crees que no vales, por qué sientes que el amor se consigue dependiendo de otros, hipotecando tu vida al deseo y al control de otros. Yo te he amado desde siempre; Mi Padre, desde antes de que estuvieras en el vientre de tu madre, ya te conocía y eras preciosa a sus ojos (Is.49-1) y te llamaba por tu nombre. Conozco tus heridas y quiero sanarlas. Quiero que seas libre y que en esa libertad me conozcas y me ames. Ven, pequeña, despierta".

En este momento te das cuenta de que Jesús te abraza y sientes que esa vida que emana de Él pasa a tu cuerpo. Ya no estás contemplando la escena, ya sientes que eres esa niña. Al contacto con Jesús recibes la vida que Él quiere darte y es tan fuerte el amor, que te traspasa.

Entonces le dices: "Sí, Jesús, quiero vivir. Ahora sé que contigo puedo hacerlo, que todo lo puedo en ti que me confortas. Sana la herida que me hizo creer que yo no valía lo suficiente para ser amada y enséñame a vivir libre para dar, libre para amar, libre para alegrarme y libre para ser feliz.

"Enséñame a amar con tu mismo desprendimiento; con ese amor que amó hasta la muerte sin esperar nada; con la entrega de quien ama sin expectativas, con ese amor lleno de alegría."

Siente ahora la vida en tu espíritu, en tu alma, en tu cuerpo, en todos tus sentidos. Goza esa vida dentro de ti, disfrútala, hazla tuya y cuando sientas que la posees, siéntate; sujétate fuerte de la mano de Jesús y ponte de pie. Al salir, escucha sus palabras: "Denle de comer".

Al darte cuenta de que estas palabras de Jesús te vuelven a la vida de todos los días, comprendes que tus sentimientos han empezado a cambiar. Ya no sientes el desaliento, la depresión, el miedo de vivir; además del temor a no ser aceptada. Sientes por primera vez que en verdad Jesús te ha cambiado por dentro, te ha devuelto el deseo de vivir y la alegría para poder hacerlo. Con el corazón lleno de gratitud al Señor por su amor incondicional que te ha sanado, vuelves tus ojos a Él, y ves tu cara reflejada en sus ojos, y puedes decirle con toda tu sinceridad: "Gracias, Jesús".

Control

El control como codependencia es el que en el fondo lleva una carga de desaprobación a uno mismo o a otros. El controlador tiene miedo de sí mismo, de su yo interior, de lo que piensa, de lo que siente, etc.; por eso prefiere reprimir todo esto, como una forma de protección, pues cree que tratando de cambiar a otros y controlando sus vidas, se protege a sí mismo.

El controlador casi siempre da en el blanco de las emociones de otros, sabe cuáles son sus puntos débiles y los explota. Cree que controlando a otros y a sí mismo estará a salvo. Gasta toda su energía buscando estrategias, consciente o inconscientemente, para estar siempre en una posición de supremacía. Generalmente trata de lograr que la otra persona haga lo que él quiere, mostrando su desaprobación de alguna manera, y si ésta no funciona, buscará otros métodos que llevan su mensaje: "Estás mal por lo que piensas, sientes o haces; en cambio, yo estoy bien".

Tratar de controlar a otro es exigir, en lugar de pedir o convencer; es ponerse en una posición de superioridad; es hacer sentir al otro miedo o culpa; es atentar contra su integridad, es no respetar su libertad y es no considerarlo capaz de correr riesgos y tomar sus propias decisiones

La persona controladora crea una atmósfera de enojo, de tensión y de lucha a su alrededor, a que las personas controladas aceptan ese control para evitar conflictos y guardar la paz, pero en el fondo acumulan tal resentimiento que se abre una brecha muy difícil de salvar entre las personas involucradas. Hay muchas formas de controlar:

Con el silencio
Con las enfermedades
Con la fuerza física

Con la agresión verbal
Con la amenaza de muerte
Con la seducción
Con el dinero
Con la indiferencia
Con la sobreprotección
Con los gestos y miradas
Con expectativas
Con la crítica
Con la manipulación
Con la represión
Otras formas de control

Con el silencio

El silencio es una forma no verbal de desaprobación; es una manera de presionar, que asusta a la persona envuelta en esta forma de castigo, llenándola de culpa por no hacer lo que la otra quiere. La persona controladora sabe que el otro generalmente busca aprobación y usa el silencio para que éste se desespere y explote. Así logra su deseo, ya que el otro se siente tonto, malo, culpable.

Con las enfermedades

Hay muchas personas que usan la enfermedad como un medio de control. Con esto tiene a todo el mundo alrededor pendiente de ellas. Las enfermedades pueden ser reales o imaginarias, emocionales o físicas, pero se usan como arma poderosa. Esta forma de control lleva a extremos insospechados.

Hemos visto casos en que las personas no quieren salir de la enfermedad, porque sienten que es la única forma de mantener viva la relación con otra persona. Ejemplo de esto, son los alcohólicos que han sido rehabilitados y que no han bebido por años y sin embargo, han desarrollado enfermedades que obligan a su familia a estar tan pendiente de ellos, como lo hacía cuando bebían.

Existen enfermos que no quieren ir al médico y que se están quejando todo el tiempo. Otros, que cuando un doctor les dice que están sanos, cambian de médico, hasta encontrar uno que les diagnostica alguna enfermedad. También son muy comunes aquellos que, después de estar chantajeando con la enfermedad, no toman las medicinas prescritas.

Asimismo, nos encontramos con personas que presentan enfermedades, de alguna manera parecen crónicas, y que las usan como defensa o pretexto para controlar la frecuencia de sus relaciones sexuales. Así sienten que pueden controlar la situación de alguna manera, sin enfrentar la realidad de que la relación está pasando por momentos críticos.

Con la fuerza física

La fuerza física es otra forma de control muy conocida. El miedo que causa el ser lastimado, le da al controlador el triunfo aparente.

Cuando una persona usa este medio para controlar los comportamientos de otros, genera en el controlado resentimiento y enojo, y una rebeldía callada que algún día brotará sin control y que muchas veces recaerá en el causante o en otros más débiles.

Cuando un niño es constantemente golpeado por sus padres, difícilmente les regresará los golpes, pero su enojo acumulado por años lo recibirán sus propios hijos o alguien más débil (hermanos menores, amigos, etcétera).

En los colegios de chicos, el control lo tendrá aquel que posea la mayor fuerza física, el que se imponga sobre los demás en razón de lo bueno que sea para pelear.

Hay matrimonios en los que el hombre golpea a la mujer como señal de su señorío y control sobre ella; lo refuerza la mujer, sometiéndose a él y permitiéndole que la controle por la fuerza.

Con la agresión verbal

Existen personas que saben usar la palabra para destrozar a otros y someterlos. Esto produce tanto miedo a los controlados, que no se atreven a contradecirlos para evitar que afilen su lengua.

La agresión verbal puede ser simulada o abierta, puede ser dicha en forma dura, o con un matiz aparentemente dulce que la enmascara; puede decirse directa o indirectamente; puede ser usada en forma de consejo o como crítica abierta; puede usarse sarcásticamente o ridiculizando; puede ser una palabra o todo un discurso. De cualquier modo que se use la palabra para controlar, puede ser muy efectiva.

Hemos oído en las personas por las que oramos las siguientes expresiones: "Una sola palabra bastó para destrozarme"; "No sé cómo le hace, pero siempre encuentra la palabra justa para destrozar todo lo que creo que son mis argumentos bien fundamentados"; "Estamos en una fiesta, me siento segura y a gusto y hace siempre un comentario, lo suficientemente irónico, como para lograr que mi alegría se desvanezca en segundos".

Con la amenaza de muerte

¡"Si me dejas, me mato!" "¡Es mejor morir que vivir sin ti!" "Si sigues tratándome así, serás culpable de mi muerte o de que recurra a las drogas o al alcohol, porque tú no me entiendes", etcétera.

Estas frases son muy comunes para poder tener a la gente bajo control. Las madres suelen usar mucho este tipo de amenazas con sus hijos como una forma de controlarlos, ya que los hijos se cargan de culpa y si la madre llega a enfermarse por cualquier causa, toman sobre ellos la responsabilidad; así, por temor y por culpa, se someten al control materno.

Con la seducción

La seducción es un arma de control para ambos sexos. Tanto el hombre como la mujer, cuando la usan, saben de antemano que van a ganar. En el caso de un hombre que usa la seducción para lograr lo que quiere, generalmente no sólo hace esto con su novia o su esposa, sino que tiende sus redes seductoras sobre todas aquellas mujeres que se lo permitan.

Cuando es una mujer la que usa la seducción, generalmente explota la necesidad del hombre, de sentirse "fuerte y protector". Empieza pidiéndole ayuda, probablemente exagerando su crítica situación y haciéndole creer que sólo en él siente la fuerza para enfrentar la vida. La mujer dirá y hará lo necesario para ir controlándolo.

Con el dinero

Al dinero, en nuestra cultura, se le ha dado más poder del que realmente tiene. El que posee dinero cree que lo tiene todo: respeto, poder, felicidad, seguridad, etc. Se le ha dado al dinero el poder de evitar la infelicidad y el de comprarlo todo, no tan sólo cosas, sino hasta personas.

Los hombres pasan la vida trabajando con la esperanza del éxito económico, y cuando lo logran generalmente se dan cuenta de que el dinero no lo es todo, pues la verdadera paz no está en él. Al tomar conciencia de que han querido controlar todo con el dinero, caen en la cuenta de que éste es el que los ha controlado a ellos.

Hay quienes usan el dinero para controlar a otros. Así tenemos al jefe con el empleado; al padre que tiene al hijo a sus órdenes, amenazándolo con dejar de darle dinero, si no se somete; al esposo que no permite a la esposa que se separe, porque él es el único dueño del dinero y ella no tiene nada; al esposo que hace sentir su autoridad y poder midiéndole el gasto a la esposa, y obligándola a humillarse para pedirle dinero cada vez que necesite comprar algo.

Cuando los hijos, hermanos, empleados, se someten al control de otro por su necesidad de tener lo indispensable para vivir, van acumulando enojo y resentimiento tan grandes, que a la primera provocación explotan o buscan la manera de vengarse de otras formas.

Con la indiferencia

Controlar a una persona castigándola con la indiferencia es una forma muy humillante de control. Puede hacerse sutil o abiertamente, pero siempre lastima en forma profunda, ya que hace creer al que se controla que no vale nada; que es tan poco importante, que ni siquiera se nota; que tiene tan poco valor, que cualquier cosa es más interesante o importante que él.

Cuando en un matrimonio, ante una dificultad, en lugar de buscar juntos una solución, se pone uno u otro frente a la televisión, aparentando estar enfrascado viéndola, como si se hubiera olvidado del cónyuge y dejándolo a un lado de su coraje, se produce en el otro inmenso deseo de venganza.

Muchos padres hacen lo mismo con sus hijos, provocando en ellos una baja en su autoestima, unas heridas difíciles de curar y un deseo de someterse con tal de que les hablen, aunque sea para regañarlos.

Con la sobre protección

La sobreprotección o paternalismo es una forma de control muy común, pero muy enmascarada.

Cuando una persona controla a otra sobreprotegiéndola, de lo que tiene miedo, en el fondo, es de que la otra persona crezca y se vuelva independiente.

Cuántas veces hemos visto a madres "abnegadas", que con el pretexto de cuidar a sus hijos o de "velarles el pensamiento", no les permiten crecer; no les dan la oportunidad de saber que son capaces de muchas más cosas de las que ellos mismos creen. La verdad es que tienen mucho miedo de que algún día se den cuenta de que no las necesitan, que no les son indispensables; que, en pocas palabras, ya crecieron, y quieren volar con sus propias alas, y entonces temen que se alejen y las dejen solas.

Hay padres que no quieren que sus hijos se independicen. Les ofrecen trabajo para seguir controlándolos. No es raro el caso en que, cuando los hijos les expresan su deseo de trabajar en otro lado, les propongan mejores condiciones de trabajo con tal de no dejarlos ir. Esta situación, aunque aprovechada por los hijos, crea en ellos una rebeldía interior que en un determinado momento sale a la luz de muy diferentes maneras. La mayoría de las veces, el hijo controlado no se da cuenta de lo que le pasa en el fondo y recurre a explicaciones que están fuera de la verdadera razón de su incomodidad. Los padres, por su parte, se sienten muy ofendidos porque los hijos no aprecian todo lo que han hecho por ellos.

Muchos esposos sobreprotegen a sus esposas dándoles absolutamente todo lo que necesitan, pero no dejándolas salir de su casa para nada, por temor de que se puedan independizar.

Cualquier forma en que aparezca este tipo de sobreprotección produce rebeldía en el controlado, y éste buscará la forma de cobrarse ese control.

Con gestos y miradas

El cuerpo humano tiene su propio lenguaje. Es capaz de expresar sentimientos, situaciones, y es también un poderoso medio de manipulación y control. Cuando desaprobamos a alguien, nuestra voz cambia de tono y nuestro cuerpo se pone tenso; cuando nos enojamos más, aventamos puertas. Cuando nos estamos deseperando, golpeamos con los dedos la mesa o con el pie el suelo;cuando queremos mostrar indiferencia o desprecio, subimos los hombros, etcétera.

Si hablamos exclusivamente del lenguaje facial, todo el mundo sabe a qué nos referimos, ya que la cara tiene un lenguaje refinado y muy expresivo; basta un movimiento de cejas, un apretón de mandíbula o un gesto con la boca, para paralizar a cualquiera.

Este lenguaje facial pone a salvo al controlador y saca de sus casillas al otro, que se finge inocente, aunque un gesto exprese más que mil palabras.

Con expectativas

Las expectativas que cada persona se ha ido haciendo a lo largo de su vida, sobre cosas o personas, pueden ser un incentivo para lograr metas que pueden ayudar a crecer, siempre y cuando sean positivas y convenientes. Ahora bien, cuando las expectativas se convierten en una obsesión, reducen la visión de las cosas y las energías se dirigen a esperar una cosa especial de algo o de alguien.

Cuando se quieren controlar todas las circunstancias para que las cosas sean como uno quiere, generalmente presionamos de manera injusta a las personas para que sean lo que queremos que sean; y eso no es posible, ya que cada uno es lo que es.

Muchos padres, desde que empezamos a serlo, nos hacemos una idea de lo que deseamos que sean nuestros hijos. Pocas veces aceptamos lo que realmente son y desean ser; ponemos expectativas sobre ellos, que quizá no serán capaces de cumplir.

A veces, el padre quiere verse reflejado en su hijo; hace castillos en el aire sobre su futuro y provee todas las circunstancias para que el hijo siga su misma profesión. Cuando el hijo no tiene aptitudes para ello y empieza a fallar en la escuela, el padre se enoja; no piensa en el hijo, ni en su problema, y no acepta que la vocación del chico no va hacia donde él quiere. Lo regaña, lo presiona, obligándolo a hacer suya la meta que tiene él como padre y haciendo sentir al joven que si no la logra, le fallará. Con esto, el hijo empieza a sufrir inseguridad, a sentirse tonto y a tener la sensación de que nunca llegará a cumplir las expectativas que de él se tienen.

Hay expectativas que aparentan ser un elogio para la persona, pero que en realidad llevan la intención de presionarla, para que logre todo lo que se espera de ella. Todo esto controla a la persona y no la deja ser libre para ser quien es.

Con la crítica

Se puede hablar de la crítica como algo positivo, constructivo y que puede hacer crecer a las personas, pero cuando alguien la usa obsesivamente para controlar a los demás, se convierte en una conducta que puede acabar con todos los que están a su alrededor.

Controlar con la crítica es una forma muy hostil para hacer que otros se sientan mal, y se convierte en una forma de vida. La persona que quiere controlar de esta manera no consigue que mejoren aquellos a quienes controla, pues los expone al juicio, lo cual los hace sentir tontos y ridículos; y esto, casi siempre, les impide dar pasos para mejorar o cambiar. En esta forma, la crítica se hace tan destructiva, que el controlador en lugar de lograr lo que busca, encuentra enojo y resentimiento.

La madre que en vez de impulsar a sus hijos a madurar los critica por todo y todo el tiempo, lo único que logra es que el hijo se rebele y que su autoestima baje.

El jefe que en su empleado sólo ve los errores y se los hace notar, con crítica sólo provoca que el empleado pierda el deseo de mejorar.

Con la manipulación

Aunque controlar sea en realidad una manipulación, hay personas enfermizamente manipuladoras y que no saben actuar con honestidad, ni siquiera en las situaciones menos importantes.

Casi todas las personas manipuladoras aprenden a serlo desde muy pequeñas, cuando descubren que la primera vez que lo hicieron les dio resultado.

Cuando en una pareja las relaciones no están bien, los hijos aprenden que para lograr lo que quieren, pueden manejar las situaciones con el papá o con la mamá según convenga, aprovechando las desavenencias que hay entre ellos.

Las personas manipuladoras nunca hablan claro, jamás expresan sus deseos directamente, siempre le dan vuelta a las cosas para salirse con la suya. A veces, los que están cerca no se dan cuenta de estas manipulaciones, pero los que sí las perciben se van llenando de enojo ante este control.

Hay personas que quieren manipular hasta a Dios. En su oración olvidan con quién están hablando y tratan sutilmente de convencerlo de que les conceda lo que desean. No son capaces de pensar en el amor que Dios les tiene y que los conoce hasta lo más íntimo de su espíritu y que no lo pueden engañar. Siguen tratando de manipularlo hasta con novenas, oraciones y actos de piedad que no son auténticos, sino que van encaminados a obligar a Dios a que haga lo que ellos quieren.

Qué podremos decir de los hijos que se vanaglorian de manipular a sus padres para salirse siempre con la suya; y de las esposas que hacen creer a sus maridos que ellos son los jefes de la casa y ellas hacen lo que quieren por debajo del agua. Muchos dirán que es una forma inteligente de vivir, pero la verdad es que esto no está basado en la honestidad y no puede ser lo que Dios quiere.

Algunos autores, como Everestt Shastrom, citado por Jordan y Margaret Paul en su libro *Do I Have ti Give me up to be Loves by You?* describen a los manipuladores como: "personas que explotan, usan y controlan a otros y ellos mismos como si fueran cosas"

Con represión

La represión es un mecanismo de defensa para evitar el dolor; sin embargo, más personas de las que creemos la usan como medio de control. A la larga, lo único que cosechan son enfermedades físicas, ansiedad y depresión.

Los codependientes que usan así la represión, tienen miedo de lo que son y de lo que sienten. Más que controlar sus sentimientos, los reprimen a tal grado que llegan a convencerse de que son insensibles y nada vulnerables, buscando para ello todos los medios de autoprotección existentes.

Es fácil caer en esta forma de codependencia, ya que desde pequeños nos han enseñado que los sentimientos son malos y que expresarlos es poco educado. Al principio sólo se callan los sentimientos, porque el expresarlos nos trae rechazo, castigos, crítica, etc., pero poco a poco se cae en el juego de que no sólo externarlos es malo, sino que tenerlos es peor, y entonces empezamos a reprimirlos.

En nuestra cultura, a los niños menores se les dice que ser sensibles les quita hombría, que los hombres no lloran. Muchas veces se les restringe la expresión de lo que sienten y se les premia si son duros. Se les hace creer que los sentimientos son para las niñas, y que sólo a ellas se les permite llorar, conmoverse, demostrar amor, etcétera.

En ellos la lucha para reprimir sus sentimientos empieza desde muy temprana edad, y cuando llegan a la madurez se enteran de que estaban equivocados, y en algunos casos tratan de echar marcha atrás, pero no saben cómo. No se atreven a abrir sus corazones porque tienen pavor a la vulnerabilidad, y entonces el estómago, el sistema nervioso o alguna otra parte de su cuerpo paga el precio de la represión.

Otras formas de control

Hay tantas formas de control, como personas que las usan. De alguna manera, todos las hemos usado en alguna circunstancia de nuestra vida, o hemos sido víctimas de alguna persona controladora.

Hay muchas personas controladoras, pero no son necesariamente codependientes. Para hablar de la codependencia que se manifiesta en el control, tenemos que distinguir dos aspectos principales; primero, que se haya convertido en conducta obsesiva, y segundo, que acabe controlando al controlador.

Por ejemplo: alguien puede ser una persona controladora por egoísmo; pero cuando ya no puede actuar sin controlar, cuando vive para eso, cuando pone todas sus energías para lograrlo, cuando ya no puede ser honesta, cuando por compulsión, ni siquiera por conveniencia, se encuentra controlando, ya estamos hablando de una codependencia.

Cuando el controlador quiere tener todas las circunstancias externas bajo su dominio y una simple cosa que se sale de ese mando lo desquicia de tal forma que acaba siendo controlado por tantas y tantas cosas que no puede controlar, aunque quiera, podemos hablar de codependencia.

Raíces

Los hijos nacidos en familias disfuncionales, adictas o de padres demasiado rígidos, tienden a controlar excesivamente. Cuando eran niños, las conductas de los adultos a su alrededor eran impredecibles y causaban en ellos mucha ansiedad. Todo era un caos, todo estaba fuera de su control y no podían hacer nada para evitar esta situación.

Al ir creciendo, esa sensación de angustia y de inseguridad ante lo impredecible, los lleva a tener o tratar de tener bajo control todo lo que está a su alcance. Intentan regir a las personas, las cosas, las relaciones, las circunstancias y, en casos extremos, tratan de controlar a Dios. Esto se va convirtiendo en una verdadera obsesión, y al mismo tiempo empieza a venir sobre ellos una sensación de fracaso, porque tienen que enfrentar que no pudieron controlar nada. Que aquello mismo que creían estar controlando, los estaba dominando a ellos, al volverse una obsesión.

Solución

Uno de los temores más grandes que tenemos es el de perder el amor. Esto crea en nosotros tal ansiedad, que buscamos todas las formas de protección posibles a nuestro alcance para evitarlo. Una de esas defensas es tratar de controlar a las personas, las cosas y las circunstancias. En esta manera, tenemos la sensación de que controlando el exterior, podemos controlar el caos interior que hay en nosotros; pero finalmente nos damos cuenta de que no es así, que hemos sido dominados por esa obsesión y por las personas a quienes hemos querido controlar.

La solución está en buscar y analizar cuál es nuestro caos interior y tomar conciencia de los sentimientos que están bullendo en él sin ser aceptados y reconocidos. Este será el primer paso hacia la salud.

Recuerda que los sentimientos no son ni buenos ni malos, pero tienes que darte la libertad de sentirlos, casi tocarlos; y una vez que los posees conscientemente, los puedes encauzar por medio de tu inteligencia y tu voluntad.

Imagínate a tus sentimientos como si fueran un caballo brioso al que quieres domar. Domar a un animal de éstos requiere tiempo y práctica. Tu inteligencia y tu voluntad son el jinete que tiene que ir sobre el caballo, controlándolo. Al principio lograrás estar sobre él muy poco tiempo y probablemente te caigas. Con cariño y paciencia, el caballo irá siendo domado; dale a tus sentimientos esas oportunidades: siéntelos, entiéndelos, tócalos, acéptalos y después somételos, como harías con el caballo. Pronto te darás cuenta de que cada vez será más largo el tiempo que permanezcas sobre el caballo y éste cada día se irá identificando contigo, al grado de que caballo y jinete pasearán en armonía y unidad gozando del panorama que la vida te ofrece. Cuida de no reprimir al caballo con jalones y malos tratos, porque lo único que lograrás será que cuando estés distraído o no estés en guardia, te tire y cause daño. A este dirigir y encauzar tus emociones puedes llamado *autocontrol*.

El control como virtud, o autocontrol, presupone la supremacía de la voluntad sobre nuestras emociones. Es importante tener una escala de valores bien definida, la que será resguardada por sobre nuestras debilidades.

Ahora bien, si tus sentimientos merecen tu respeto y están en armonía con tu inteligencia y voluntad, así como con tu eseala de valores, piensa que cada persona tiene los mismos derechos que tú, y que no puedes pretender controlar sus sentimientos, ni quitarle la responsabilidad sobre lo que haga con ellos. No debes usar la desaprobación, ni llenar de culpas, ni tratar de manipular.

Casos

El caso de José y su familia

José es el hijo mayor de una familia de cuatro. Su padre era un ingeniero con éxito en su carrera, que trabajaba más horas de las necesarias cuando en los fines de semana no estaba trabajando, se la pasaba tranquilamente en casa viendo la televisión. Su mamá era una persona nerviosa y de un carácter con reacciones impredecibles.

Podemos decir en general que los primeros años de la vida de José fueron relativamente tranquilos.

La relación con sus hermanos, que eran dos hombres y una mujer, era como en la mayoría de las familias: en ocasiones se llevaban de maravilla y a ratos peleaban por tonterías.

La vida de famila era llevadera, con momentos francamente agradables.

José plática que cuando su papá no estaba viendo

la televisión los sábados, se iban a lavar su coche, que estacionaban en la calle frente a su casa; y mientras lo lavaban, platicaban de muchas cosas. Estos momentos de intimidad entre su padre y él, dejaron una huella muy grande en su vida.

Cuando José tenia 14 años, sus padres tuvieron un accidente automovilístico. Su papá murió y su mamá quedó confinada a una silla de ruedas por haberse lastimado las piernas. Estos sucesos lamentables marcaron sus vidas y fueron el inicio de verdaderos problemas.

José no pudo llorar la muerte de su padre, pues su madre requería de su atención, al igual que sus hermanos. Económicamente, la situación era buena, su padre había tenido la precaución de formar un negocio familiar y en los primeros momentos de la desgracia, el dinero no era una preocupación.

Más tarde, José se hizo cargo del negocio, pero cuando surgía algún problema, la mamá lo amenazaba con despedirlo. Sin embargo, cuando todo iba bien, ella le prometía que todo lo suyo sería para él, aun cuando tenía otros hijos.

La pobre mujer tampoco tuvó la oportunidad de llorar la pérdida de su marido, porque estaba demasiado ocupada llorando la inmovilidad de sus piernas.

Así fue como José empezó a tener todo bajo control en su casa, y aunque en ocasiones su madre se resistía usando su enfermedad para ser quien controlara a los demás hijos, él finalmente ganaba, pues el dinero, y por lo tanto la situación, estaba en sus manos. En esa forma la mamá acababa cediendo, a pesar de sus amenazas y de sus gritos.

Sin embargo, un día descubrió que sus lágrimas eran la debilidad de José y desde entonces aprendió a controlarlo. Le exigía que fuera un padre para sus hermanos y lo tenía pendiente de ella, por su impedimento físico. Cuando él iba a salir con alguna chica o con sus amigos, esgrimía el arma de su soledad y de su impotencia para aceptar el papel de cabeza de familia. Con elogios exagerados, le hacía luchar más allá de sus fuerzas para que no defraudara las esperanzas que tenía puestas en él. Cuando todas estas manipulaciones no le daban resultado, usaba un tono sarcástico, o fruncía la cara con gestos más que elocuentes, logrando la mayoría de las veces un éxito rotundo.

Llegó el tiempo en que José se enamoró, y lo hizo tan profundamente, que nada de lo que inventó su madre para retenerlo fue suficiente. Decidió casarse y formar su propio hogar.

Cuando la mamá se vio perdida, decidió usar un arma muy eficaz: se ganó a la chica con elogios, regalos y dulzura, a tal grado que ni José ni la novia percibieron el juego.

Después de algunos meses de casados, empezaron a pelear y el nombre de la suegra apareció tantas veces en sus discusiones, que ambos se dieron cuenta de que ella estaba en todo y para todo; que había controlado sus decisiones y sus vidas sin que lo notaran.

José no se atrevía a aclarar con su madre el disgusto que sentía por su intromisión en sus vidas, porque lo había hecho en tal forma, que les hacía creer que todo le debían y no había nada concreto qué reclamar.

Cuando ellos decidieron comprar una casa, inconscientemente escogieron la que a ella le gustaba y que, por supuesto, quedaba a media calle de la suya.

Con mimos y manipulaciones logró que vinieran a cenar todas las noches, con el pretexto de que lo hacía con tanto cariño... y porque comprendía que no era justo que su hijo hiciera trabajar a su esposa después de que llegaba tan cansada del trabajo.

La nuera, que realmente llegaba cansada, lo aceptó como una idea magnífica. Sin embargo, pronto empezaron a tener grandes dificultades, pues cuando ellos decidían salir a cenar, al cine o a cualquier otro lado, ella les reclamaba sin darles la oportunidad de ninguna excusa, y usando todo su lenguaje corporal (frunciendo la boca) y un tono que quería ser casual, decía: "Bueno, al fin y al cabo esto es lo que le toca a una madre sufrir por la felicidad de sus hijos, todo sea por Dios".

Toda esa manipulación en sus relaciones llegó a una etapa tan crítica, que José decidió hablar claro con su madre. Al enfrentarse, ella perdió los estribos y en la discusión acalorada, al experimentar que había perdido el control, empezó a quejarse de la nuera, de él y de toda la situación. Se desahogó diciendo cuánto le pesaba todo lo que había hecho y estaba haciendo por ellos, al grado de que se sentía obligada por las circunstancias. Estas y otras tantas incoherencias de la señora hirieron en tal forma a su hijo, que le causaron un profundo resentimiento y tomó la decisión de alejarse de su mamá por algún tiempo.

El tomar esta decisión lo llevó también a un gran enojo consigo mismo, pues debido al negocio familiar, dependía en lo económico de ella y no podía alejarse realmente, ni podía expresar su disgusto en forma abierta.

Esto lo llevó a tomar una terapia, para saber por qué había sido presa fácil de la manipulación de su mamá y cuáles habían sido sus mecanismos que le hicieron tan vulnerable.

Análisis del caso. José, como hermano mayor, fue el confidente de su padre. El padre tuvo con él una comunicación que no tenía con su propia esposa, pues era una mujer nerviosa e impredecible. En realidad, no conoció una verdadera relación entre ellos, ya que no los veía mucho tiempo juntos, porque su papá viajaba constantemente.

Como la madre no tuvo ningún control sobre su esposo, sustituyó a éste por José y quiso tenerlo para ella como no pudo hacerlo con su marido.

La mamá no sólo dependía emocionalmente de José, sino que se sintió abandonada por él cuando se casó. Por eso, buscó todas las formas a su alcance para controlarlo y mantenerlo pendiente de ella. Primero lo amenazó con el dinero, pero finalmente acabó siendo controlada por ese mismo dinero que manejaba José.

Al mismo tiempo que José controlaba a su madre con el dinero, él y su esposa se dejaban controlar por ella, pues era muy cómodo que les resolviera los problemas de todos los días.

Ambos trataron de controlarse mutuamente y resultaron controlados. Cuando se introduce el control en una relación, se sigue el enojo por ese control y todas las fuerzas se encaminan para lograrlo.

Oración

Señor Jesús:

Te pido perdón por la presión que he puesto sobre la vida de otros. Por haberlos humillado haciéndoles sentirse mal con ellos mismos.

Te pido perdón por mi soberbia de creer que sólo yo estaba bien y que ellos estaban mal.

Te pido perdón, Jesús, con todo mi corazón, por haber querido controlarte a ti también.

Quiero pedirte que sanes mi corazón. Un corazón lastimado que mendiga amor, que tiene miedo de lo que siente y de lo que necesita.

Jesús, ten compasión de mí que con la fuerza, el silencio, el dinero, la enfermedad, la manipulación, he querido conseguir la aprobación y el amor. Mírame, Señor, mira qué débil soy; mira con qué desesperación necesito a otros, y mira lo que he hecho de mi vida para lograrlo.

Quiero desde este momento entregarte a ti el control de mi vida.

Te entrego mi caos interior y mi angustia continua por tener todo bajo falso control. Tú eres el Señor de mi vida y te pido que tú arregles ese caos, o que me enseñes a vivir con él, pero en la paz que sólo tú sabes dar.

Gracias, Jesús.

CAPÍTULO 4

Sanación del niño interior

En el capítulo 2 explicamos cómo el "niño interior", el sí mismo auténtico, se detiene en su desarrollo, dando paso a la existencia del sí mismo codependiente que surge para poder sobrevivir, aceptando las demandas que se le hacen y no pudiendo vivir una vida auténtica, tal como él es.

En el capítulo 3, vimos en diferentes maneras cómo el "niño interior" es detenido en su desarrollo normal, así como diversos tipos de manifestaciones del sí mismo codependiente. Ese ser codependiente aparece como controlador, dependiente, reactivo, salvador o lo vemos atado a otra persona. En todas esas manifestaciones pudimos ver cómo las raíces de esas conductas podían localizarse en la infancia.

Ahora, vamos a ver de qué manera podemos volver a la infancia y reparar aquello que dañó a nuestro "niño interior". La forma en que esto puede hacerse, envuelve un proceso que consta de cuatro acciones principales:

1. Descubrir, poco a poco, nuestro sí mismo verdadero. Actuar desde sus necesidades para darle lo que le faltó, ayudándolo a crecer.

2. Conocer nuestras necesidades actuales en los planos físico, mental, emocional y espiritual, y tratar de llenarlas, relacionándonos con personas que nos apoyen.

3. Identificar, reexperimentar y llorar las penas, las pérdidas sufridas a lo largo de nuestra vida y que no se hayan vivido en un proceso completo de duelo.

4. Examinar y trabajar paso a paso cada uno de los asuntos esenciales.

Para poder llevar a cabo estas cuatro acciones, es necesario iniciar y vivir un proceso que se llama curación interior.

Curación interior

La curación interior es, como dijimos anteriormente, un proceso que, por medio de la oración, hace posible que Jesús sane las heridas del pasado y las llene de su amor incondicional.

Esto nos capacita para vivir plenamente, ya que las experiencias que vivimos en el pasado y las carencias que tuvimos nos bloquean para alcanzar una mayor plenitud de vida, y nos impiden tener el gozo y la alegría, así como la paz, en el momento presente.

En el proceso de curación interior, podemos, por la fe, invitar a Jesús a ir a cualquier momento de nuestra vida pasada en que fuimos lastimados, para que nos libere de los efectos negativos y nos sane las memorias dolorosas.

Jesús puede hacer esto porque Él es Dios y vive en un eterno presente. Él es el mismo ayer, hoy y siempre.

La curación interior es un camino que se va recorriendo día a día con la ayuda de Jesús. Consiste en limpiar lo que está sucio (resentimiento, odio, deseo de venganza, etc.) y en perdonar y ser perdonados. No es una experiencia aislada, es un proceso profundo y eficaz.

Este proceso consta de dos etapas: La primera consiste en ser liberados de todo el mal que nos estorba: miedo, rehazo, resentimiento, culpa, enojo, confusión, angustia, depresión, etc. Es como una cirugía de tipo espiritual; Jesús es nuestro Salvador. Él tiene poder de liberarnos de todo lo que nos oprime y daña. La segunda etapa es la curación de memorias. Consiste en traer el amor sanador de Jesús a la persona que está abierta a recibirlo. Jesús puede ir, a través del tiempo y del espacio, a cualquier momento de nuestra vida. Él puede sanar las raíces del pasado y las heridas que estas raíces nos ocasionaron.

La sanación interior consiste en depositar en

las manos de Jesús toda la basura que hemos venido acumulando por nuestras heridas, para que, una vez liberados de ella, dejemos entrar la vida, la luz y el amor de Dios. La curación interior es tan real que, cuando la experimentamos, ya no volvemos a recordar las heridas del pasado con el dolor con que lo hacíamos. Seguimos recordando, pero con la paz que Jesús nos da.

Este proceso de sanación puede darse de muchas maneras; podemos pedirle a Jesús que se haga presente en el momento del trauma o de la herida, para que podamos revivir la escena con sus ojos y en su compañía.

Podemos ir nosotros a una escena de la vida de Jesús, para ver cómo vivió Él alguna escena o circunstancia semejante; si hemos sido traicionados, podemos ver cómo vivió Jesús la traición de los suyos. Si hemos sido abandonados, ver cómo Él vivió el abandono. Tratemos de ver y oír lo que Él nos quiere decir a través de la Escritura, tal como hicimos en la oración de la hija de Jairo, para que el Señor Jesús nos sanara de la dependencia.

Podemos encontrar otros pasajes de la Escritura con los cuales nos podemos identificar, para pedirle a Jesús que nos sane.

Esta forma de orar por curación interior es maravillosa, ya que como dice la misma Escritura: "Así será mi Palabra, la que salga de mi boca, que no tornará a mí de vacío, sin que haya realizado lo que me plugo y haya cumplido aquello a que la envíe" (Isaías 55,11).

Podemos pedirle a Jesús, sencillamente, que

sane la herida o el trauma. Podemos recorrer nue-
tra vida, rogando a Jesús que la vaya llenando de
amor en esos años en que no nos sentimos amados.

En fin, existen tantas formas de orar como el
Espiritu Santo inspire. Sin embargo, en todas las
formas de oración existe la necesidad del perdón.
Necesitamos perdonar a quienes nos hayan lastimado y ofendido y ello puede hacerse paso a paso,
con la ayuda y en la presencia de Jesús; también
necesitamos pedir perdón por el daño que hayamos
hecho, voluntaria o involuntariamente. Eso también es posible, en la presencia de Jesús, quien nos
da la capacidad para hacerlo.

Un proceso de sanación interior realmente
profundo debe incluir la represión del Sacramento
de la Penitencia, que puede borrar completamente
nuestros pecados y así liberarnos de la culpa que
sintamos por haberlos cometido. A través de los
años, hemos podido ver que la falta de perdón es
una barrera infranqueable, para la curación interior. El perdón abre la compuerta de las gracias
que Dios derrama en los corazones contritos y
humillados .

Las cuatro acciones para sanar al "niño interiro"
van sucediéndose poco a poco, en etapas. A veces
necesitaremos de la curación interior para sanar
una herida; a veces la necesitaremos para tener
fuerza al llorar una pérdida; en otras, el amor
sanador de Jesús curará el abandono y la falta de
amor en determinados momentos de la vida.

A veces la curación interior sanará diversas
áreas de dolor, una después de otra, y posible-

mente será necesario volver al principio, para pedirle al Señor que sane más profundamente, porque la persona ya está mejor preparada para enfrentar algo doloroso en su vida y antes no lo estaba.

En cualquier forma en que la sanación se dé, siempre se da en etapas. Al menos, esa es nuestra experiencia. No sucede todo de un golpe.

Vamos a describir estas etapas, haciendo hincapié en que en ocasiones se necesita curación interior, y a veces el esfuerzo en el cambio de conductas negativas. Siempre van mezclados.

Etapas en el proceso de sanación del "niño interior"

Las etapas que vamos a presentar a continuación están tomadas de Whitfield (1985) *Healing the Child Within*. Estas etapas pueden verse casi siempre retrospectivamente, ya que cuando nos encontramos en alguna, no nos damos cuenta de ello.

Sobrevivencia
Despertar de la conciencia
Enfrentar ciertos asuntos esenciales:

Control
Pensamiento de todo o nada
Superresponsabilidad
Descuido de las necesidades propias
Tolerancia a las conductas inapropiadas
Contacto con los sentimientos

Dificultad para resolver conflictos
Dificultad para hablar de los problemas
Miedo al abandono
Dificultad para llorar las pérdidas
Baja autoestima
Dificultad para mostrar nuestro ser real

Transformación
Integración
Espiritualidad

Sobrevivencia

Para iniciar un proceso de sanación, necesitamos haber sobrevivido primero. Los que hemos llegado hasta aquí, hemos usado muchas habilidades para lograrlo; hemos empleado mecanismos de defensa del yo; hemos negociado y cuidado a otros; nos hemos escondido, hemos negado y hemos permanecido vivos, con los métodos que hayamos empleado.

Tal vez hayamos empleado mecanismos de defensa no tan sanos, como los que describe Anna Freud (1936). Entre ellos están la intelectualización , la represión, el desplazamiento, la formación reactiva; mecanismos que, usados en exceso, pueden considerarse neuróticos. También podemos haber usado la proyección, la conducta pasiva o agresiva, la hipocondriasis, la grandiosidad; estos últimos, usados en demasía, pueden considerarse inmaduros y, en casos extremos, hasta psicóticos (Whitfield, 1987). Muchos de estos mecanismos permiten el aparente funcionamiento en las familias disfuncionales; pero poco a poco dejan de servir cuando somos adultos y relamente no nos ayudan a establecer relaciones saludables, pues no permiten que el "ser verdadero" madure y, por el contrario, refuerzan el "sí mismo falso o codependiente". Aunque el empleo de los mecanismos de defensa nos ayuda a sobrevivir, se experimenta mucho sufrimiento y dolor. Empezamos a funcionar como aletargados, casi sin darnos cuenta de lo que sucede, tratando de responder a lo emergente de nuestras vidas, sin tener capacidad de responder a lo importante. A veces, puede suceder que alternemos períodos de aletargamiento con períodos de sufrimiento intenso, y sólo poco a poco nos damos cuenta de las herramientas que nos sirvieron cuando éramos niños desvalidos, abandonados o temerosos, ya no nos funcionan más.

Despertar de la conciencia

De pronto, notamos que las cosas o la realidad no son como pensábamos que eran. Ante ello, necesitamos tomar conciencia de las cosas que han estado dormidas. Este despertar de la conciencia no es fácil, ya que nuestro "niño interior" está bastante oculto y nuestro ser codependiente se encuentra más en la superficie. Esta toma de conciencia puede darse de muy diversas maneras: desde el aceptar que "estoy agotado" y "ya no puedo vivir así ni un día más", hasta el acudir a un grupo de autoayuda, en donde empezamos a cuestionarnos qué nos pasa. A veces, es a través de la lectura de un libro, o del testimonio de alguna persona que estuvo en circunstancias parecidas a las nuestras y que ha podido salir de esa situación. Cuando nos damos cuenta de que algo está mal, experimentamos confusión, miedo, entusiasmo, excitación, tristeza, aletargamiento, mayor coraje. Todo esto significa, por lo menos, que sentimos de nuevo. Empezamos a ponernos en contacto con lo que sentimos realmente; esto asusta mucho a algunas personas que, al experimentarlo, tienen la tendencia a retornar a su ser codependiente.

Enfrentar ciertos asuntos esenciales

Son los asuntos que durante nuestra vida han presentado un problema para nosotros y que necesitan ser enfrentados para poder sanar realmente. Muchos de estos asuntos afloran durante el proceso de discernimiento en la curación interior, pero puede decirse que son asuntos que atañen a todos los codependientes. A través de la curación interior, la herida inicial, la raíz de la codependencia, el trauma o la carencia en la infancia, son sanadas en la presencia de Jesús. También en su presencia podemos vivir y llorar las etapas del duelo, pero los demás pasos de la sanación requieren esfuerzo de nuestra parte y una verdadera dedicación para lograr la salud. Esto es especialmente cierto cuando empezamos a trabajar en estos asuntos esenciales. Autores como Gravitz y Bowden (1985), Cermak y Brown (1982) y Fischer

(1985) se han dedicado al estudio de estos asuntos. A continuación vamos a presentar los más comunes, aunque dependerá de cada caso el determinar cuáles son y en qué orden se deberá empezar a trabajar en ellos:

Control
Pensamiento de todo o nada
Superresponsabilidad
Descuido de las necesidades propias
Tolerancia a las conductas inapropiadas
Contacto con los sentimientos
Dificultad para resolver conflictos
Dificultad para hablar de los problemas
Miedo al abandono
Dificultad para llorar las pérdidas
Baja autoestima
Dificultad para mostrar nuestro ser real

En ocasiones no se sabe con qué asunto empezar a trabajar primero, ya que el codependiente está tan confundido que no sabe bien qué es lo que le pasa, pero hablándolo con alguien confiable, empezará a distinguir sus patrones de conducta y verá cual será el asunto que es importante para trabajar primero.

Control. La persona codependiente siente la necesidad obsesiva de controlar la conducta de otro, la propia o alguna otra cosa. Nuestro ser codependiente se aferra a eso y no lo suelta. Como finalmente sabemos que no podemos controlar la vida, mientras más tratamos de controlar, más fuera de control nos sentimos y más obsesionados estamos en controlar. La sabiduría nos enseña que el sufrimiento es parte de la vida, y que lo mejor que podemos hacer es aceptarlo y darnos cuenta de que no podemos controlar nada. Así, descubrimos que una de las acciones más poderosas y más sanadoras que podemos realizar, es entregar al Señor nuestra necesidad de controlar. Esto libera realmente a nuestro "niño interior" y disminuye mucho el sufrimiento que el controlar o no controlar trae consigo. Al hablar de sometimiento y entrega, no lo hacemos con un sentido de derrota, sino con la convicción de que el que se somete, gana la batalla de intentar estar en control (Whitfield, 1985). Esto no se logra de una vez por todas: es un proceso que aparece en nuestra vida constantemente. Cuando entregamos nuestra necesidad de control, empezamos a descubrir nuestro ser real y a sentirnos más vivos.

Pensamiento de todo o nada. Es una manera extremista de pensar. Es la incapacidad para ver los matices de las cosas. Es cuando amamos a alguien o lo odiamos. No podemos permanecer en relaciones intermedias. Las personas a nuestro alrededor son buenas o malas, no tenemos la posibilidad de verlas como realmente son. Todo esto podemos hacerlo también con nosotros mismos, juzgándonos muy duramente. Mientras más nos enfrascamos en este tipo de pensamiento, más caemos en conductas extremistas sufriendo innecesariamente. Al mismo tiempo, tendemos a rodearnos de personas que piensan de esa misma manera, y por lo tanto, se dificulta cada vez más el salir de ese círculo vicioso. Este tipo de conductas y de pensamientos se da mucho en los hijos de padres muy rígidos, fundamentalistas y perfeccionistas, y es muy difícil de cambiar su modo de concebir la vida porque llegan a ser verdaderamente obsesivos y limitan mucho nuestras opciones. Hacen que uno se sienta atado en muchos aspectos; además, impiden el desarrollo de la creatividad, ya que no nos dejan alcanzar la maduración adecuada en cada etapa de la vida. Tenemos que aprender que las cosas no son todo o nada, esto o aquello, sino que hay muchas opciones, matices y posibilidades.

Superresponsabilidad. Muchas personas que provienen de familias problemáticas o rígidas, aprenden a convertirse en superresponsables. A veces, esta parece ser la única manera de evitar los sentimientos dolorosos como el miedo, el coraje y el sentirse lastimados. También proporciona la idea de que se está en control de las situaciones. Aunque estas conductas funcionan por mucho tiempo, acaban por dejar de servir. Es muy importante aprender a decir no, cuando te quieren cargar de trabajo, de responsabilidades que no te corresponden o que no puedes o no quieres tomar y a las que antes hubieras dicho que sí, aunque por dentro te sintieras lleno de coraje. Por las mismas razones que unas personas se vuelven superresponsables, otras se tornan irresponsables. Son pasivas y se sienten víctimas de todo el mundo. También necesitan trabajar sobre tales problemas.

Descuido de las necesidades propias. Descuidar y desconocer las necesidades propias está íntimamente ligado con la superresponsabilidad. Ambas son partes de un sí mismo falso. Podemos empezar a revisar cuáles son nuestras necesidades y quiénes pueden satisfacerlas de una manera sana.

Al ver esta parte de nuestra manera de vivir, descubriremos que nosotros somos los primeros que podemos satisfacer esas necesidades. Esto va a despertar a nuestro "niño interior", que eventualmente empezará a florecer, y a crecer y a crear.

Tolerancia a las conductas inapropiadas. El niño que viene de una familia con problemas o adicciones crece sin saber lo que son las conductas normales, saludables y apropiadas. Al no tener otro punto de referencia para comparar la realidad, cree que su familia, con su inconsistencia, trauma y sufrimiento, es lo normal. Cuando nuestro ser codependiente ha crecido de una manera no sana, le cuesta mucho trabajo salir de sus patrones de conducta, pues no conoce otros. Por eso, son necesarios el apoyo y la retroalimentación de personas sanas, para aprender, poco a poco, lo que es saludable y apropiado.

Muchas veces parece increíble que alguien

pueda soportar lo que sucede a su alrededor, incluyendo abusos de todo tipo: verbal, físico, sexual, emocional, etc., sin darse ni siquiera cuenta de que se está abusando de él. En muchos casos, hemos visto a padres alcohólicos obligar a sus hijos a hacer cosas terribles, como el robar para que ellos puedan seguir bebiendo; apostar a sus hijas en una mesa de juego; obligar a la esposa a tener conductas sexuales indignas, etc. Lo más duro de esto es que las personas maltratadas y degradadas siguen aceptando estas conductas que acaban con el resto de su autoestima; esas personas se sienten indignas, destruidas, muchas veces quieren morir y no saben cómo poner un alto a estas conductas; no se han dado cuenta de lo enfermo que están y de que tienen otras opciones.

Contacto con los sentimientos. Conocer nuestros sentimientos y trabajar con ellos constructivamente es algo crucial en el proceso de sanación del "niño interior". En las familias con problemas, las necesidades del niño no se satisfacen adecuadamente y esto produce dolor. En tales familias no hay una persona que lo escuche, lo apoye, lo alimente emocionalmente, lo acepte y lo respete; no tiene nadie con quien compartir sus sentimientos. La pena que esto produce es tan grande, que empezamos a usar los mecanismos de defensa descritos anteriormente, hacemos a un lado los sentimientos y poco a poco perdemos la conciencia de ellos. Esto nos permite sobrevivir, pero el precio que se paga por ello es muy alto.

Empezamos a estar como aletargados: como si no estuvieramos en contacto con nosotros mismos; somos falsos, codependientes. Como ya sabemos, nuestro sí mismo real, nuestro "niño interior" deja de crecer mental, emocional y espiritualmente. Nos empezamos a sentir como muertos en vida, confusos, frustrados. Somos víctimas.

Una manera de salir de esto es comenzar a tener contacto con nuestros sentimientos. Esto puede empezar a hacerse hablando de ellos con personas seguras. No necesitamos saber gran cosa acerca de los sentimientos, sólo que son importantes para nuestra salud y que podemos hablar de ellos.

Nuestros sentimientos son nuestra reacción al mundo que nos rodea, la forma en que sentimos que estamos vivos (Viscott, 1976). Si no tenemos conciencia de nuestros sentimientos, no tenemos conciencia real de estar vivos. Ellos resumen nuestra experiencia y nos dicen si ésta nos hace sentir bien o mal. Son una gran conexión con nosotros mismos, con los demás y con el mundo que nos rodea.

Damos cuenta de nuestros sentimientos, sentir cómo fluyen naturalmente, minuto a minuto, día por día, espontáneamente, nos da muchas ventajas. Nos cuidan y nos aseguran; actúan como indicadores y nos dan la sensación de que estamos vivos. Nuestro sí mismo real siente gozo y alegría, y lo expresa con gente adecuada; sin embargo, nuestro ser codependiente tiende a hacemos ver sólo los sentimientos negativos y nos induce a que no los compartamos. Nuestros sentimientos deben trabajar en armonía con nuestra voluntad e inteligencia, para ayudamos a crecer y a vivir. Si los negamos, los distorsionamos, reprimimos o suprimimos, sólo bloqueamos el flujo natural de ellos.

Los sentimientos bloqueados sólo crean tensión y enfermedad, pero si los experimentamos, aceptamos, compartimos y luego los dejamos ir, nos hacemos más saludables y capaces de experimentar la serenidad o paz interior que debe ser nuestra condición natural.

Darnos cuenta de nuestros sentimientos es esencial para nuestro crecimiento y felicidad. Sacarnos un sentimiento doloroso sintiéndolo y dejándolo ir. Los sentimientos, son parte vital de la dinámica de nuestro crecimiento.

Dificultad para resolver conflictos. Este aspecto se traslapa e interactúa con los otros asuntos esenciales. En las familias disfuncionales se trata de evitar el conflicto siempre que se pueda. Cuando se suscita, tratamos de aislarnos lo mejor posible. Ocasionalmente, nos volvemos agresivos y tratamos de intimidar a aquellos con los que estamos en conflicto. Cuando nos fallan estas técnicas, tratamos de manipular. Esto funciona en un ambiente no sano, pero no da buenos resultados cuando queremos establecer relaciones sanas. La sanación de nuestro "niño interior" se lleva a cabo reconociendo conflicto tras conflicto y tratando de resolverlos. Muchas veces el miedo y otros sentimientos dolorosos que nos vienen cuan-

do nos acercamos al conflicto, hacen que prefira-
mos volver a nuestros métodos anteriores, antes
que sentir la pena y el dolor de enfrentar el problema. Para poder resolver los conflictos necesitamos, primero, reconocer que existen; entonces, si
nos sentimos seguros, podremos tomar el riesgo
de abrir nuestras preocupaciones, sentimientos y
necesidades ante otros. Enfrentando los problemas, aprendemos cada vez más a identificar conflictos pasados y presentes, según van ocurriendo.
Se necesita mucho valor real para reconocer los
conflictos y lidiar con ellos.

Dificultad para hablar de los problemas.
Cuando empezamos a sanar, podemos hablar,
desde el fondo del corazón, de experiencias y miedos de los que antes no habíamos hablado con
nadie: como el haber sido abandonado por los
padres, por ejemplo. Cuando compartimos nuestros sentimientos, procupaciones, confusiones y
conflictos, con alguien que nos entiende, recons-
truimos nuestra historia. Auque es útil para los
que nos escuchas oír nuestra historia, para quienes más útil escucharla es para nosostros mismos. Muchas veces, antes de contarla, no sabemos qué vamos a decir. No importa cuál sea el
tema o el aspecto de nuestra vida sobre el cual
vamos a trabajar, hablar acerca de Él con las personas adecuadas nos libera de la inmensa carga
que hemos llevado por años sobre el corazón.

Cuando contamos nuestra historia con el corazón y hasta pudiera decirse que con las entrañas,

desde nuestro "niño interior", descubrimos la verdad acerca de nosostros mismos. Y al hacerlo sanamos. A veces nuestro sí mismo falso quiere enmascarar nuestra historia o disfrazarla, por eso es importante, cuando surgen las cosas, hablarlas delante de alguien que nos conoce, pues esta persona pude ayudarnos a distinguir entre la verdad y la máscara.

Miedo al Abandono. Este miedo se remonta a nuestros primeros años, días, minutos y segundos de nuestra existencia. Está relacionado con la confianza o desconfianza que se generan en la primera etapa de nuestra vida. En las familias disfuncionales, debido a su incosistencia, la desconfianza es mucho mayor; y para no sentir el miedo que esto nos ocasiona, nos cerramos a nuestros sentimientos, para no sufrir el dolor tan profundamente. Muchas personas, cuando eran bebés o niños pequeños, fueron amenazadas por sus padres con ser abandonadas. Esto hacían los padres como una medida disciplinaria, aunque muchas veces ni siquiera pensaban hacerlo. Esto es definitivamente una crueldad para el niño y le causa un trauma tan grande, que este tipo de amenazas son consideradas como un abuso verbal hacia el pequeño, ya que éste no es capaz de diferenciar si se trata de una amenaza o si ésta se va a convertir en realidad. Él simplemente lo cree y se siente aterrado ante la perspectiva de ser abandonado.

Dificultad para llorar las pérdidas. Un trauma es una pérdida real o una amenaza de pérdida.

Experimentamos pérdidas cuando se nos priva o tenemos que vivir sin algo que hemos tenido anteriormente; algo que necesitamos, deseamos o esperamos. Hay pérdidas tan pequeñas que apenas las apreciamos como tales; sin embargo, todas ellas producen dolor e infelicidad. A esta serie de sentimientos los llamamos proceso de duelo, aflicción o pesadumbre. Debemos permitirnos el reconocer estos sentimientos y compartirlos, para completar lo que se ha llamado trabajo de duelo y así poder quedar libres del dolor. Por supuesto que esto lleva tiempo. Mientras mayor sea la pérdida, más largo será el tiempo necesario para recuperarse. El proceso de las pérdidas pequeñas podemos completado en horas, días o semanas. Una pérdida regular se llevará, tal vez, semanas o meses para terminar el duelo; pero cuando se trata de una pérdida mayor, como la pérdida o muerte de un ser muy querido, el proceso puede llevarse fácilmente dos o más años.

Cuando un duelo no se completa o no se resuelve, es como si una herida se infectara debajo de la cicatriz. Cuando experimentamos un trauma o una pérdida, nos llenamos de energía negativa que necesita ser descargada, y cuando no se libera, la tensión se vuelve crónica. A veces, este estado no puede ser reconocido como tal, sino más bien como ansiedad constante, tensión, miedo, nerviosismo, ira, resentimiento, tristeza, sensación de vacío, confusión, culpa o como si estuviéramos dormidos y fuéramos incapaces de sentir. Estos sentimientos varían en cada persona: se empieza a tener dificultad para dormir, dolores, achaques y otras enfermedades físicas o psicosomáticas. Se ha comprobado que cuando no vivimos el duelo en forma sana y completa, aparecen muchas enfermedades físicas, emocionales y mentales.

Si cuando fuimos niños no se nos dio la oportunidad de llorar adecuadamente las pérdidas que sufrimos, porque los adultos no las consideraban importantes, vamos cargando hasta llegar a adultos, algunas o todas las consecuencias descritas anteriormente.

También es muy fácil que desarrollemos conductas hostiles hacia los demás o hacia la propia persona, produciendo en nosotros y en los que nos rodean una infelicidad crónica y una sucesión interminable de crisis.

Cuando los mensajes recibidos durante la infancia y la adolescencia nos dicen que no se debe llorar, ni hablar de lo que uno siente, se producen conductas cada vez más obsesivas que parecen sacamos al menos momentáneamente del dolor, y estas conductas son muy difíciles de cambiar.

Sin embargo, cuando el "niño interior" empieza a sanar, podemos también cambiar esas conductas, liberándonos poco a poco de nuestra confusión y sufrimiento.

Por lo tanto, es muy importante identificar cuáles han sido las pérdidas de nuestras vidas para poder vivirlas de nuevo, pero ahora en la presencia de Jesús, por medio de la curación interior y trabajando el proceso de duelo. Debemos recorrer nuestra vida, pasando en cada pérdida por las cinco etapas de las que habla la doctora Elizabeth KublerRoss como indispensables para completar un duelo y que son: negación, coraje, negociación, depresión y aceptación. En esta forma podremos trabajar sobre nuestras penas y sufrimientos, y no reprimirlos como hemos hecho hasta ahora.

Baja autoestima. La baja autoestima juega un papel importante en nuestra vida, ya que lo primero que hace es paralizar a nuestro "niño interior". La autoestima es al mismo tiempo un sentimiento, una emoción, y sobre todo, una experiencia que tiene todo el ser (Fischer, 1985; Kaufman, 1980; Kurtz, 1981; citados por Whitfield en Healing the Child Within.)

La autoestima es también una dinámica, un proceso que nos acontece, especialmente cuando no nos damos cuenta y aun cuando somos conscientes de alguno de los aspectos de nuestra baja autoestima.

En una familia disfuncional, todos se desenvuelven con muy baja autoestima, viven principalmente desde su ser falso o codependiente. Esto sucede también como consecuencia de que los padres en estas familias proceden, a su vez, de familias con muy baja autoestima.

La baja autoestima se va formando cuando recibimos creencias, reglas y mensajes negativos que oímos de nuestros padres, de los adultos alrededor de nosotros y de otras figuras de autoridad, como los maestros. Se van generando cuando se nos dice que nuestros sentimientos y necesidades, nuestro sí mismo auténtico, nuestro "niño interior", no son aceptables. Cuando una y otra vez escuchamos que somos una verguenza y que todo lo hacemos mal, que somos niños malos, y todo esto proviene de personas a las que somos muy vulnerables, entonces les creemos. Así es como empezamos a interiorizar estos mensajes y a incorporados a nuestro ser interior, y por si fuera poco, esto va acompañado de la prohibición de expresar el dolor que sentimos por la situación.

Muchas veces, estos mensajes van acompañados de mucha inconsistencia, lo cual produce en el niño que no pueda confiar en sus padres, ni en otras figuras de autoridad, y que aparezcan en él sentimientos de culpa y de miedo, que bajan aún más su autoestima.

Ya de adultos, vivimos esos sentimientos que tuvimos de niños, empezando a dudar de todo y de todos. En ocasiones, sentimos que nos estamos volviendo locos y cuando queremos tocar la realidad, dudamos de nuestros sentidos, sentimientos y reacciones.

Dificultad para mostrar nuestro ser real. Cuando vivimos nuestra vida como codependientes, enfocando nuestra atención en los demás, sentimos que algo nos falta, que estamos incompletos, que somos infelices, nos ponemos tensos; en general, nos sentimos mal, como adormecidos o aletargados. Pero al mismo tiempo, ser auténticos es algo que contemplamos como amenazante. En el pasado, tratamos de ser reales y auténticos; tratamos de ser nosotros mismos y fuimos rechazados y hasta castigados por eso. Ahora, el volver a arriesgarnos a expresar nuestros sentimientos y a satisfacer nuestras necesidades nos asusta sobremanera. Además, ya no estamos acostumbrados a hacerlo. Por eso nos defendemos tanto de mostrarnos como somos. No obstante, nuestro sí mismo auténtico, ahora aislado y escondido de nosotros, tiene un deseo y una necesidad enorme de expresarse. Secretamente necesitamos sentir que está vivo y es creativo.

Para sentir esto, nos enredamos en una serie de conductas que pueden ser de muy diversa índole, desde ingerir alcohol en exceso, consumir drogas, entrar en relaciones muy intensas por un período corto de tiempo, tratar de controlar la conducta de otro, trabajar demasiado, gastar el dinero inadecuada y compulsivamente, etcétera.

Por la experiencia de miles de personas podemos afirmar que hay una manera de salir de todo esto: consiste en actuar con tu ser real. El proceso empieza por contar tu propia historia de sufrimiento a personas capaces de entender y de apoyarte. Mostrar tu sí mismo real, tu sí mismo auténtico, verdadero, con todas tus debilidades y también tus fortalezas. No podemos sanar solos. Necesitamos de otros que nos ayuden y nos acepten tal y como somos. Al mismo tiempo, podemos damos cuenta de que también podemos ayudar a otros a sanar.

A través de este hablar y escuchar, empezamos a practicar en formas sencillas el amor incondicional.

Transformación

Transformar es cambiar de forma, reconstruir. Esta transformación en el proceso de sanación del "niño interior" representa el cambio de estar viviendo sin saber por qué, ni hacia dónde vamos; a vivir nuestra vida como una expresión de nuestro ser.

Transformamos nuestra conciencia, nuestra percepción de las cosas, de una realidad a otra. A través de esto crecemos y trascendemos a niveles de vida mejores, más auténticos, pacíficos y creativos. Al mismo tiempo que experimentamos mayor vitalidad, más posibilidades Y opciones, también tenemos más responsabilidad para lograr que nuestra vida funcione bien.

Para lograr esto, es necesario exponer las partes vulnerables de nuestro "niño interior", Y al mismo tiempo sacar el poder que existe dentro de nosotros mismos.

Así es como nos damos cuenta de que el cambio es todo un proceso, de que nuestra autoestima es muy baja y de que si decidimos cambiar no podemos hacerla de un día para otro, sino que tenemos que trabajar muy duro para lograrlo. Tenemos que hablarlo y planear el orden y el asunto específico sobre el cual vamos a empezar a trabajar.

Al ver cada área, primero la identificamos y luego elaboramos el plan; para esto es importante descubrir que, por primera vez en mucho tiempo, empezamos a confiar en nuestra propia intuición, así como en nuestros sentidos y percepciones, las cuales son parte importante de nuestro ser verdadero.

Al explicarnos las conexiones entre lo que nos sucede ahora y lo que nos pasó de pequeños, podemos empezar a romper el círculo vicioso y dejar de ser víctimas de nuestras conductas compulsivas.

Cuando tocamos raíces y las reexperimentamos con Jesús y con personas que nos sepan escuchar, podemos ver ante nosotros, por primera vez, que tenemos una posibilidad de elección. Se nos presentan dos caminos: seguir siendo la víctima o terminar con el sufrimiento que el pasado ha traído a nuestra vida. Solamente cuando por nuestra propia voluntad y libre elección, decidimos dejar ir el dolor, podremos desprendernos de las heridas para quedar al fin libres.

Este procedimiento tiene que hacerse con cada herida, con cada trauma, y recibe varios nombres: proceso de desprendimiento, decatexis o simplemente soltar y dejar ir.

En esta etapa del proceso podemos empezar a ver la diferencia entre ser asertivo y ser agresivo o pasivo. La asertividad es una manera directa, clara, madura, de expresar los sentimientos y necesidades. La asertividad y la autoestima en este aspecto se desarrollan en forma paralela.

Cuando, por nuestra baja autoestima, creemos que diciendo simplemente lo que deseamos no se nos va a hacer caso, entonces escogemos entre demandar en forma agresiva lo que queremos, o dejar que nuestros derechos y deseos sean ignorados, eligiendo la pasividad. Tanto las conductas agresivas como las pasivas generan más agresividad y resentimiento y muy pocas veces logran su objetivo. En cambio, cuando tenemos seguridad de que lo que pedimos es legítimo, con más sencillez lo expresamos, independientemente de cuáles puedan ser las reacciones de los demás.

Una persona asertiva logra casi siempre lo que desea, sin crear en los demás respuestas agresivas. La asertividad requiere práctica, no se logra a la primera; es para nosotros, codependientes, una forma nueva de relacionarnos.

En ocasiones, para practicar esa asertividad se pueden tomar cursos, o bien una simple terapia de grupo que nos irá llevando a analizar las respuestas no asertivas, agresivas, pasivas o manipuladoras. Así, con la práctica de la asertividad, podremos empezar a pedir que nuestras necesidades sean satisfechas. Como vamos a hablar desde el corazón, es muy probable que se reciban respuestas positivas a lo que cada uno exprese.

Integración

A medida que va ocurriendo nuestra transformación, la integramos y aplicamos a nuestra vida diaria. Integrar es hacer un todo con las partes. Sanación significa lograr la plenitud, la totalidad de uno mismo. La sanación y la integración son el polo opuesto de la confusión y el caos del pasado. Ahora podemos aplicar todo lo aprendido a nuestra vida y lograr que trabaje para nuestro bien.

Empezamos a poner en práctica lo que se necesita hacer, casi como un reflejo. Empezamos a ser nosotros mismos, sin necesidad de disculparnos por ser quienes somos.

Podemos descansar, jugar y divertirnos sin sentir culpa. También podremos poner límites cuando es adecuado, para que no se traspasen nuestros derechos. La integración no se realiza súbitamente, es también un proceso.

Muchas veces, tomamos conciencia, contamos nuestra historia; otras tantas, sufrimos, crecemos, pero el balance nos dice que empezamos a disfrutar de nuestra vida.

Lloramos las pérdidas del pasado hasta completar el proceso; y las pérdidas que sufrimos ahora las lloramos como se van presentando y no las reprimimos más. Trabajamos con los asuntos esenciales que se van sucediendo de aquí en adelante, pero sin la carga emocional del pasado. Actuamos con asertividad, tratando de ser auténticos en todos los aspectos de nuestra vida, hasta ir sintiendo que nuestro "niño interior" Y nuestro ser adulto son una misma cosa, que ya no están separados y que el ser real es reconocido y ha ido madurando hasta estar en armonía con el ser exterior adulto. Ya somos uno. Ya no hay división interior.

Cuando experimentemos regresiones y penas,

cuando tengamos la sensación de estar igual que antes, debemos tener en cuenta que la sanación no es una línea recta hacia la perfección, sino que se da con altas y bajas, con adelantos notables y regresiones, pero siempre hacia adelante. Una integración plena sólo puede lograrse varios años después de que iniciemos nuestra recuperación.

En ocasiones podremos sentir que estamos detenidos en nuestro proceso. Esto sucede en períodos de gran estrés o cuando sufrimos alguna pérdida mayor. Como ya sabemos que no ganamos nada con negar lo que nos sucede, podemos pasar de nuevo por todos los pasos que recorrimos anteriormente, pero nos daremos cuenta de que ahora lo hacemos más rápidamente y con menos sufrimiento que la primera vez.

Hemos aprendido que nadie tiene derecho a maltratarnos y podemos decirlo asertivamente; si la persona lo vuelve a hacer, nos quitamos de en medio y no nos quedamos bajo la lluvia, creyendo que no llueve.

Espiritualidad

Aunque ponemos la espiritualidad como el final del proceso, es importante reconocer que es también el principio, ya que sin esta parte importantísima de nuestro ser no podríamos ponernos en contacto con Dios. La espiritualidad, además de una etapa, es un proceso constante entre el sufrimiento, la sanación y la obtención de la paz.

La espiritualidad es a la vez sutil y poderosa.

Es como la respiración, tal vez no nos damos cuenta de que respiramos, pero si dejamos de hacerlo, morimos. Es personal; cada uno tiene que descubrir la suya. Es muy útil, ya que nos enseña desde la confianza básica hasta el significado del sufrimiento. Es también una experiencia. Para apreciarla tenemos que experimentarla. No podemos conocerla sólo por medio de nuestra inteligencia, necesitamos vivirla. Es indescriptible. Por siglos se ha escrito sobre ella. La espiritualidad es sanadora e induce al crecimiento.

De hecho, todo lo que aquí hemos escrito es una aventura espiritual; trasciende el sufrimiento y nos permite vivir nuestras vidas en una forma enteramente distinta, en otro nivel de conciencia.

En otras palabras, la espiritualidad es la que nos conecta con nuestro Creador, desde que empezamos a existir, hasta el día en que morimos; y esa conexión es la que puede darnos el sentido profundo de nuestras vidas, de la dignidad que tenemos como hijos de Dios y que muchas veces, por nuestra misma enfermedad, no somos capaces de ver; y si la vemos, muchas veces la contemplamos en forma distorsionada.

Cada uno de nosotros tendrá que encontrar su propia espiritualidad, y una vez descubierta su trascendencia, ser fieles a su voz. Es la única manera de vivir con la plenitud para la cual fuimos creados.

Oración de sanación del "niño interior"

El sacerdote Jack McGinnis compartió con nosotras este poema sobre el "niño interior". Nos gusta mucho decirlo antes de empezar la oración.

El niño interior

Había una vez
un niño precioso
a los ojos de Dios.
Creado para sentir,
para reir,
para jugar.

Era yo
ese niño precioso
a los ojos de Dios;
creado para vivir,
para ser,
para amar.

Pero... ¿No te das cuenta?
Él huyó.
Estaba demasiado triste,
demasiado lastimado para vivir
donde el amor
no podía existir,
donde la luz
no podía brillar.

Había una vez
una niña preciosa

a los ojos de Dios;
creada para llorar,
para crecer,
para cantar.

Eras tú
esa niña preciosa
a los ojos de Dios;
creada para realizar
y alcanzar
todo lo creado por Dios.

Pero... ¿No te das cuenta?
Ella huyó.
en una esperanza
que difícilmente podría olvidar.

Al correr el tiempo,
permaneció esperando
en un lugar,
no lejos de ahí.
Ansiando el momento,
pues ella sabía
que de alguna manera,
alegremente volvería,
para jugar,
para cantar,
para reir,
para vivir,
y nunca más
huír otra vez.

R. Jack McGinnis

Oración para sanar al "niño interior"

En esta oración de curación interior, es decir, en este proceso en el cual Jesús sana nuestras heridas del pasado, vamos a llevar ante ese Ser que nos ama incondicionalmente nuestro "niño interior" para que lo sane.

Podemos imaginarlo de cualquier edad y cada vez que lo llevemos ante la presencia de Jesús, Él lo puede ir sanando de diversos traumas o penas, y nosotros podremos irlo aceptando un poco más cada vez hasta darle aquella aceptación y amor humano que le faltó. Sólo Jesús y nosotros mismos podemos llenar sus carencias y entender sus motivaciones, acompañándolo en esa maduración que necesita para ser integrado completamente a nuestro ser adulto.

Esta oración puedes hacerla cuantas veces quieras, dejando a tu imaginación el lugar en el que desees encontrar a Jesús, y abriéndote a la posibilidad de abrazar y aceptar cada vez más esa parte de ti mismo que se quedó sin crecer en el camino de tu vida.

También puedes presentárle a Jesús tus recuerdos de niño; los buenos, para que aumente tu capacidad de gozar la vida, y los difíciles y traumáticos para que los sane.

Escoge un lugar tranquilo, silencioso, para darte la oportunidad de poder ver a tu ser adulto y a tu "niño interior" expresar delante de jesús sus necesidades con la seguridad, de que Él te entiende a ti, te ama, entiende a tu niño interior y lo ama.

Tal vez la oración que sigue despierte en ti

muchos recuerdos. No temas, todos y cada uno de esos recuerdos se los puedes ir presentando a Jesús para que Él los sane.

No necesitas seguir la oración al pie de la letra; deja que tu creatividad ponga en la escena lo que tú tienes necesidad de sanar.

Oración

Orante. Jesús, Tú me dijiste que viniera a Ti cuando estuviera triste, cansado o necesitaras salud.

Hoy te traigo mi corazón triste, mi alma lastimada, mi falta de fe. Me cuesta trabajo pensar en mi "niño interior"; en ese niño que derrepente sale, brinca y repela.

Tengo tanto miedo de encontrarme con él de conocerlo y preguntarle qué le pasa.

Tengo miedo de regresar a los momento en que fui lastimado, a esos momentos que me marcaron y lo marcaron a él.

Jesús, tómame de la mano como adulto y llévame al encuentro de ese niño que hay en mí.

Narrador. (En este momento quizá te veas con Jesús en un parque o en tu casa; en ese rincón donde acostumbrabas esconderte cuando te sentías solo.) Jesús te lleva hasta ahí. Derrepente se detiene. Tú corazón late por que sabes que te vas a encontrar con ese niño.

Jesús sabe que tienes miedo y te abraza. Te invita a observar a ese niño jugando ahí. Entonces puedes ver cómo está reprimido y asustado. No levanta los ojos y se queda callado. Jesús sonríe y te deja que lo contemples. Pobrecito niño, está tan débil, tan triste. Las preguntas a Jesús:

Orante. Jesús, ¿Tengo qué hablarle?

Jesús. Sí, acércate a él. Pregúntale qué le pasa.

Orante. Jesús, tengo miedo de enfrentar la verdad porque me he pasado la vida buscando barreras para no sufrir.

Jesús. Quiero que sepas que a ese "niño interior" yo lo amo. Para mí es especial y único. Mi padre quiso que viviera en armonía. Hoy quiero sanarlo, pero necesito tu permiso para tomarlo en mis brazos. Quiero tu fe para que creas que puedo y quiero sanarlo. ¿Por qué crees que si no estás en control de tu mente no puedes subsistir? ¿Por qué no crees que yo puedo sanar a este niño? Tú ves solamente que hay un pasado que no puedes controlar, pero yo vivo en el presente. Si tú me das permiso, puedo ir a ese lugar, a ese tiempo y hacerla presente. Quiero enseñarte en dónde nació tu codependencia. En dónde ese niño fue lastimado. Quiero que lo llames, que lo traigas aquí. Dile: "Ven, pequeñito, ven" y cuando esté junto a ti podrás hablarle.

Orante. Sí, Jesús. Deseo encontrarme con mi

"niño interior". Llévame hasta él. Ven, pequeñito, ven...

¡Ah! ya puedo verte ... Quiero decir te tantas cosas, quiero que te dejes abrazar por Jesús y aquí, junto a su corazón, quiero pedirte perdón por haberte ignorado tantos años, por haberte callado tantas veces, por no hacerte caso cuando saltabas y querías llamar mi atención.

Perdóname, porque aún me cuesta trabajo tenerte aquí. Hubiera preferido estar solo, con Jesús. Pero ahora con mi voluntad te pido perdón. Dime, ¿qué tienes? ¿cuándo fuiste herido? Vamos a pedirle a Jesús que nos revele esto.

Quizá fuiste lastimado porque papá y mamá no te esperaban. Eres tan sensible y te diste cuenta de que no te querían y esto ha sido una gran herida para ti. Sientes que fuiste inoportuno.

Quizá cuando mamá te esperaba quiso deshacerse de ti y tú sentiste ese rechazo. Sientes muchas veces que te quieres morir porque quisieron abortarte.

Quizá fuiste concebido sin amor, sin respeto, o fuiste fruto de una violación.

Tal vez no fuiste concebido conscientemente, y mamá sufrió mucho cuando te estaba esperando. Posiblemente tenía mucho miedo porque eran malas las relaciones con tu papá.

A lo mejor él ya se había ido, y mamá sabía que estaba sola para enfrentar la vida.

Quizá esperaban hombre y fuiste mujer, o al contrario. No te aceptaron desde el principio y eso tú lo sabes.

Quizá el miedo que sientes tan seguido es el

miedo que experimentaste al nacer. Tu nacimiento fue traumático y yo no sabía que eso era lo que te causaba tanta angustia y tanto miedo.

O quizá fue en tus primeros meses de vida. Llorabas y nadie te hacía caso. Había muchos hermanos antes que tú y a nadie le importaban tus necesidades básicas.

Quizá fuiste el primer hijo y mamá no sabía cómo cuidarte, porque se sentía abrumada con la responsabilidad. O no sabía cómo acariciarte y besarte, porque nunca le habían enseñado que eso era importante.

Tal vez papá sintió celos cuando naciste y mamá te hizo a un lado para atenderlo a él. O eras tan llorón que cansabas a mamá con tus exigencias. ¿Por qué llorabas? ¿Tenías algún dolor?

Ven, pequeñito, ven. Voy a abrazarte y a contemplarte. Es muy diferente estar en este mundo a estar en el seno de mamá. Aquí se siente frío, calor y hambre. Ahora déjame abrazarte y que Jesús nos abrace haciéndonos uno.

Narrador. Después de unos momentos, puedes escuchar a Jesús que te dice:

Jesús. Mira, pequeñito, tú eres mío. Te he llamado por tu nombre, déjame ser mamá y papá para ti. Quiero decirte que eres precioso, que te amo, eres mío y me alegro de tu nacimiento.

Ven aquí, te voy a cuidar. Quiero acompañarte en tus dos primeros años. Quiero darte la seguridad de mi amor. Quiero que vayas descubriendo el mundo conmigo. Quiero abrazarte. Cuando veas que tu mamá y tu papá tienen problemas, no te agobies. No son tu culpa. Son problemas de ellos. Tú no eres responsible de ellos. Recuerda que son míos también. Entrégamelos y déjalos en mi corazón. No quiero que cargues con problemas ajenos.

El Padre de los cielos te ama desde antes de que estuvieras en el vientre de tu madre. Viniste al mundo porque Él lo quiso. Fuiste perfectamente oportuno. Cuando oigas que los ruidos te asustan, ven a Mí.

Si en tus primeros cinco años te sentiste solo, quiero que sepas que yo he estado siempre contigo.

Quizá el miedo que experimentas de noche es porque te acuerdas de esos días en los que tu papá llegaba bebido y humillaba a tu mamá, a ti y a tus hermanos.

Tal vez te acuerdas de tu mamá gritando y agrediendo a tu papá.

Quizá tu papá no la respetaba como mujer y esto te hacía sentirte mal. O quizá esto te pasaba a ti que eres hombre, con tu mamá y te ha causado mucho dolor.

Te sientes sucio e indigno. Sientes tal verguenza, que ni siquiera quieres recordar. Quizá te sientes culpable de todo eso.

Pero ¿sabes, pequeño mío?, tú no eres culpable. Estás tan limpio como te ve mi Padre desde la eternidad. Perdona a papá o mamá, pues no han sabido cuidarte como hijo. Tú no eres culpable.

Ven, mira a papá y a mamá. ¡Están tan lastimados! Mamá toma muchas pastillas, o bebe igual que papá. Así, los dos se evaden de su dolor porque no saben enfrentar la realidad. Déjame abrazarte en este momento de tu vida.

Quizá todo esto te sucedió con un hermano o una hermana, y lo que empezó como curiosidad natural, por conocer sus cuerpos, se convirtió en algo diferente y se faltaron al respeto. Y te sientes culpable, sucio y no puedes evitarlo.

Mira, no te quedes contemplando tu pecado. Mi padre te conoce. El creó tu cuerpo. El sabe de tu curiosidad natural para descubrirlo y sabe que te excediste, pero te perdona y yo también. No lo vuelvas a hacer.

Quizá recibiste mucho daño en la escuela. Desde que entraste sucedieron muchas cosas que te lastimaron. Primero fue el cambio de tu casa a la escuela, con toda la adaptación difícil que tuviste que vivir. Luego, entraste en un mundo de competencia y supiste lo que era ser comparado con otros.

Allí tuviste que enfrentarte a personas difíciles: maestros y alumnos que no te querían y otros a quienes tú no querías. Sufriste burlas por parte de algunos maestros y companeros.

Quizá en la escuela no contabas como una persona. Sólo eran importantes los triunfos y se te recalcaban los fracasos. No tenías derecho a ser tú. Cuántas veces regresaste a tu casa sintiéndote tonto porque así te lo decían. Y se iba generando en ti rebeldía, envidia, enojo, tristeza y sensación de fracaso.

Quiero que sepas que todo esto que recibiste, Yo lo recibí también. Quiero decirte que la escuela es un lugar donde deberías haber encontrado personas adecuadas para enseñarte. Personas con vocación para amarte. Pero no fue así. Yo te acepto como eres. Te reconozco y me alegro de tenerte aquí. No vales por tus calificaciones, ni por tus triunfos. Vales por ti mismo.

Quizá te atormenta el recuerdo de que en casa no fuiste el hijo que papá o mamá esperaban, pues nunca llenaste sus expectativas. Siempre estabas mal. Ellos se ponían de ejemplo, eran los "perfectos", o ponían a otros hermanos como modelo y tú nunca diste la medida. Nunca alcanzaste las metas que te ponían y siempre escuchabas, "Eres un problema, eres un fracaso".

Pero hoy quiero que te des cuenta: ¡qué valioso eres! Si no fueras valioso, no estarías aquí. Yo sé que tú puedes, papá y mamá tienen un modo propio de ser, de actuar y te juzgan según sus esquemas. No comprenden que tú eres diferente, que eres sensible y percibes todo. Que he puesto algo irrepetible en ti y que eres único.

Quizá robaste algo, mentiste y no te atreviste a confesarlo. Luego te sentiste mal, porque ya te habían dicho que no confesar era malo, porque hacías una confesión sacrílega. Hoy, entrégame todo eso. Pídeme perdón por tomar lo que no era tuyo.

Yo te perdono y no te juzgo. Tú fuiste quien te juzgaste y te condenaste. Simplemente, deseo que no lo vuelvas a hacer.

Quizá te quedaste solo porque papá o mamá murieron (posiblemente en una forma violenta o inesperada). Yo sé que sentías miedo al futuro y a la soledad. Probablemente, también resentimiento y tristeza, y por esa experiencia tomaste responsabilidades que no correspondían a tu edad.

Déjame romper con mi poder la atadura que tienes con papá o mamá, causadas por este trauma. Hoy tú eres libre y tienes que dejar libres. Tú tienes sólo la responsabilidad de tu propia vida.

Quizá en tu adolescencia nadie te explicó para qué mi Padre había creado diferentes al hombre y a la mujer. Tal vez algunos amigos o conocidos te dieron explicaciones equivocadas o morbosas sobre tu sexualidad, y eso te desconcertó y marcó tu vida.

Mira, pequeño mío, siéntate a mi lado y escucha todo lo que mi Madre y yo podemos decirte sobre tu sexualidad. Queremos que recuerdes y perdones a todos los que en esta línea te dañaron o escandalizaron. Perdónalos, porque no sabían lo que hacían. Eres precioso a mis ojos, quiero restaurarte. Déjame hablarte al corazón y mostrarte y enseñarte lo que tú necesitas conocer.

Quizá te has quedado pequeña porque nunca te afirmaron y por eso tomaste caminos negativos. Empezaste a reaccionar, a controlar, y a depender. Emocionalmente no maduraste por todas las experiencias negativas que tuviste que vivir. Hoy voy a enseñarte cuándo y cómo empezó tu codependencia.

Narrador. Cada uno debe escuchar la voz del Espíritu Santo en su corazón, que le revela lo que es propio de cada persona.

Jesús continúa diciéndote: Quiero que aprendas a sentir tus sentimientos. Hazlos tuyos, reconócerlos. Hazte uno con ellos. ¿Son de tristeza?, ¿miedo al abandono?, ¿coraje?, ¿impotencia?, ¿frustración?, ¿rechazo a tu propia persona? Dale nombre a eso que sientes en el pecho y muy profundamente en tus entrañas.

Ahora que estás consciente de tu "niño interior", abrázalo y déjame seguirte sanando. Lo que él siente y lo que tú estás sintiendo, es una misma cosa. Consuélalo. Dile que lo comprendes. Que eso mismo has sentido muchas veces en tu vida y no sabías qué era. Estos sentimientos han manejado tu vida hasta ahora. No es tanto lo que te hicieron, sino lo que ha pasado con tus sentimientos: acepta que los tienes y no los reprimas más.

Dile a tu "niño interior" que lo perdonas por las veces que te ha molestado. Pero también pídele perdón por haberlo ignorado y negado. Dile que lo aceptas y que quieres hacerte uno con él.

Orante. Sí, Jesús, hoy frente a ti, aquí contigo, acepto a mi "niño interior". Aquí estamos imponentes, lastimados, con miedo, paraque un abrazo de amor nos hagas uno.

Jesús. Sí, déjame abrazar profundamente a este niño que hay en ti y en este abrazo darle toda la alegría, el amor y la aceptación que necesita.

Déjame sanar todos los momentos en que fue herido, pero ahora quiero que tú des los pasos para que él pueda ir creciendo en ti hasta hacerse adulto. Quiero que tú y él sean uno, como mi Padre y yo somos uno.

Narrador. Entrégale a Jesús toda la tristeza de este niño. Dile que tome todos sus sentimientos, porque tú no puedes con ellos. Dile a tu niño que lo amas y aceptas; que quieres que vaya creceindo, madurando, y que dé mucho fruto; que quieres darle todo lo que le faltó. Ve cómo Jesús te entrega a ese niño y tú lo abrazas con una amor y una aceptación que nunca antes habías tenido. Entonces, se hacen uno y puedes decirle:

Orante. Pequeñito, yo te amo y te acepto. Te voy ayudar a que crezcas, a que madures.No eres menos que nadie. Eres simplemente tú. Te quiero, y como quiero que crezcas, tengo que diciplinarte. Te voy hablar en la verdad, pero también voy a dejar que tú me digas lo que no ves bien en mí. Perdóname por no haberme dado cuenta de la llamada de atención que tú me hacías.

Narrador. Jesús se para, te abraza y te dice:

Jesús. Yo he vanido a sanar las heridas y a los enfermos. Entregué mi vida a todos aquellos que me aceptan. No vine por los justos, sino por los pecadores y los débiles. Si tú me dices que sí, hoy te puedo sanar.

Narrador. Párate delante de Jesús y dale tu sí. Déjate abrazar por Él, siente su paz y su gozo.
Amén.

CAPÍTULO 5

Pasos para la recuperación de la codependencia

La recuperación es un proceso gradual, que consiste en darse cuenta, aceptar la realidad y desear cambiar.

La recuperación no es algo que hacemos de un golpe, ni puede hacerse perfectamente; es normal luchar y es normal tener caídas.

Los pequeños éxitos son dignos de admiración y deben llenarnos de alegría. La recuperación es un camino, no es la meta.

Partimos de la negación de nuestra propia persona, y poco a poco tenemos que hacernos responsables de nosotros mismos y de nuestras necesidades, hasta llegar a amarnos, requisito indispensable para amar a los demás.

Como en todos los caminos, hay avances, desviaciones, paradas, y de vez en cuando nos perdemos y nos accidentamos.

Ante cada tropiezo tenemos que volver a empezar.

Para recuperarse de la codependencia es muy importante distinguir entre la sanación de la herida inicial y los pasos subsecuentes que tenemos que dar para lograr cambiar las conductas negativas a las que nos hemos acostumbrado por años. A veces nos damos cuenta de que aunque la herida o el trauma están sanados, las conductas manipuladoras y obsesivas no desaparecen, porque no somos firmes y fieles para seguir los pasos que nos permiten recuperarnos completamente.

Jesús puede sanar nuestro "niño interior", pero nuestras conductas enfermas sólo pueden sanar si tomamos el riesgo de confiar en otros que puedan llenar las necesidades de comunicación, cariño, apoyo y afirmación que no tuvimos en la infancia. La relación humana no se dio adecuadamente; por lo tanto, sólo relaciones humanas adecuadas y satisfactorias pueden llenar ese vacío.

Al orar por personas codependientes y compartir con ellas un proceso de recuperación, hemos reconocido la necesidad de seguir los siguientes pasos:

1. Ir a algún lugar desde donde se pueda ver el problema con objetividad.

2. Reconocer la enfermedad y aceptar que uno es parte del problema.

3. Reconocer que no se puede hacer nada por sí mismo.

4. Aceptar que se necesita a Dios.

5. Aceptar que es necesario pedir perdón (Sacramento de la Reconciliación).

6. Escuchar los sentimientos.

7. Aceptar la necesidad de abrirse y contar la propia historia.

8. Buscar las raíces de la codependencia.

9. Vivir adecuadamente un proceso de duelo por las pérdidas sufridas en la vida.

10. Buscar la sanación de las heridas y del "niño interior".

11. Aceptar plenamente al "niño interior".

12. Sanar y liberar las manifestaciones de la enfermedad, cambiando las conductas negativas y los patrones de pecado.

13. Ejercitar las virtudes cristianas.

14. Satisfacer la necesidad de apoyo y seguimiento.

15. Satisfacer la necesidad de equilibrio en la vida, de relaciones y diversiones sanas, de ejercicio, buenos hábitos de alimentación, etcétera.

16. Agradecer a Dios y alegrarse por la criatura nueva que empieza a surgir.

17. Reemplazar el pensamiento centrado en sí mismo, por el pensamiento centrado en Dios.

Cada uno de estos pasos puede seguirse en orden, o a veces simultáneamente. Muchas veces, habiendo logrado superar un paso, de pronto se encuentra la necesidad de volver a un paso anterior, porque vemos la urgencia de mayor sanación en determinada área. No importa en realidad el orden, sólo que en la mayoría de los casos, encontramos semejanza en los procesos y un orden parecido al expuesto anteriormente.

Veamos ahora con más detalle cada uno de estos pasos:

Ir a un lugar desde donde se pueda ver
el problema con objetividad

Es conveniente alejarse del problema un tiempo razonable, para que se pueda recuperar la paz y se tenga mayor capacidad para ver objetivamente la situación del caso.

De este modo, se tendrá mayor sabiduría para conocer mejor la voluntad de Dios y más fortaleza para poder seguirla.

El alejarse del problema puede hacerse de dos formas. Si se tiene la posibilidad de alejarse físicamente, podrá tenerse una perspectiva más objetiva, ya que si se sigue envuelto en el torbellino de la relación, difícilmente se podrá mirar todo claramente y ver la verdad. La otra forma de alejarse es la que está al alcance de la mayoría de las personas. Es la de salir por un momento del problema, desprendiéndose de él, observando, pero no participando; como si solamente se estuviera viendo una película, sin ser el actor principal en ella.

Cuando se quieren tomar decisiones sobre la marcha, suele, ocurrir que no se puede ver con claridad la situación y se cae fácilmente en depresiones, o bien, entran la desesperción y la impotencia para encontrar soluciones adecuadas.

Reconocer la enfermedad y aceptar
que uno es parte del problema

El instinto de sobrevivencia es natural en el ser humano. El hombre busca defender su vida y hará cuanto esté a su alcance para conservarla. Cuando su vida peligra, todo su ser reacciona para defenderla.

Existen también peligros que amenazan nuestra vida emocional. Para evitarlos, usamos mecanismos de defensa como el de la negación y el de la evasión. Los mecanismos de negación nos llevan a no aceptar que algo nos molesta o está mal. Los mecanismos de evasión nos conducen a salidas falsas, como el comer demasiado, el alcohol, las drogas, la adicción al sexo o a la pornografía, etc. Cualquiera que usemos es sólo un paliativo temporal. Ambos mecanismos dan como resultado una desviación del único camino verdadero que es reconocer el problema y enfrentarlo con valentía.

Hoy todavía es tiempo de aceptar el tener una enfermedad. Es necesario aceptar que uno es codependiente. Mientras no se reconoce, no se pueden dar los pasos para recuperarse.

Cuántas veces se ha llegado a decir que no es posible que la vida gire alrededor de una persona. Cuántas veces se ha dicho que se hará hasta lo imposible por cambiarla, y el resultado ha sido que todo sigue igual, si no es que peor. Es necesario dejar de poner las expectativas en el cambio del otro, ya que eso depende del otro. No se pueden dar pasos por otra persona, ni se puede ser responsable de ella, porque se tiene que respetar su libertad. Uno mismo es el que tiene que cambiar y este es el momento. Habrá que examinar la parte de uno en la relación, buscar y discernir qué mecanismos se han estado usando. Ver lo que está mal, ver aquello que se puede cambiar, ver en qué se han transgredido los límites del otro, en dónde no se han respetado, etc.

Reconocer que no se puede hacer nada por sí mismo

Con toda seguridad se ha hecho hasta lo imposible por salir del problema, sin obtener ningún resultado. Se vive en medio del caos, tratando sólo de no perecer en él.

Ha llegado el momento de reconocer que por uno mismo es imposible salir de esa situación. Es necesario buscar a alguna persona en quien se pueda confiar, y que con objetividad e imparcialidad pueda ver el panorama general y la situación de uno en ese panorama.

Es indispensable aceptar que por sí mismo, uno no puede cambiar; que no es solamente con base en la fuerza de voluntad como se podrá lograr el cambio. Sin embargo, a veces es muy difícil aceptar esto. Hay que tomar ahora la decisión y buscar la ayuda adecuada.

Aceptar que se necesita la ayuda de Dios.

Sólo pidiendo ayuda a Dios es como se podrá tener éxito en el proceso de cambio. Dios es poderoso. El da la gracia que se necesita para cambiar.

La mayoría de las personas desean ser mejores y sin embargo, aunque intentan cambiar, siguen siendo las mismas. En cierto momento parecen tener éxito, pero sus caídas las regresan a donde estaban. Estas recaídas son muy dolorosas y pueden provocar la frustración y la desesperanza.

Lo que pasa es que los intentos de cambio están cimentados en las propias fuerzas. Al estar uno enfermo y débil, no es posible responder a las exigencias del cambio. Habrá que confiar en Dios, en su fuerza, en su sabiduría y en su amor.

En Él están la salud y la fuerza para lograr la constancia.

Ya no habrá que mirar hacia atrás. Habrá que mirarlo a Él, decirle que uno lo necesita, pedirle su ayuda, reconocer la propia impotencia y, al mismo tiempo, reconocer su omnipotencia.

Aceptar que es necesario pedir perdón

Los católicos tenemos la ventaja de contar con

el Sacramento de la Reconciliación (confesión), que es un encuentro con Jesús misericordioso, quien, en su infinita compasión, tomó en Él nuestros pecados y los clavó en la cruz.

Ese ser que murió por nosotros, le dio el poder a los sacerdotes de liberarnos por medio del sacramento: "a quienes ustedes perdonen los pecados les quedarán perdonados y a quienes no se los perdonen, les quedarán sin perdonar" (Juan 20:22).

En la confesión, Jesús nos quita la culpa y nos da la gracia para no volver a caer; rompe las acusaciones que nos hacemos a nosotros mismos por los errores que hemos cometido, por las heridas que hemos causado a otros y por nuestros pecados contra Dios.

Es necesario buscar ese encuentro con Jesús. No es sólo al sacerdote a quien buscamos, sino al Señor Jesús, a quien aquel representa.

Escuchar los sentimientos.

Los sentimientos ayudan a que uno se dé cuenta de quién es cuáles son sus necesidades personales. Es muy necesario prestar atención a los sentimientos propios, darles permiso para existir, escucharlos para saber qué dicen acerca de lo que pasa en lo íntimo del ser.

Siempre hemos querido negar o reprimir los sentimientos, yes ahora cuando nos damos cuenta del daño que esto nos causa.

En la vida cotidiana, cuando alguien tiene fiebre, aceptamos que hay algo mal en el organismo.

La fiebre no es un mal en sí, sino el resultado de alguna enfermedad, que nos avisa y nos pone alerta para que pongamos remedio cuanto antes. De igual manera actúan los sentimientos, ellos pueden ser una alerta para que nos cuidemos. No deben despreciarse, sino prestarles la atención necesaria para ver qué quieren avisar y poner a tiempo el remedio si algo está mal.

Aceptar la necesidad de contar la propia historia

Es indispensable compartir mi propia historia para poder, en primer lugar, aprender de la propia experiencia. Será necesario buscar a alguien que tenga tiempo para escuchar.

Es importante encontrar a alguien con quién poder compartir esos pensamientos. Al escucharse a uno mismo, parece que esos pensamientos se entienden por primera vez. Parecería como si otra persona fuera la que está hablando y uno pudiera escuchar la historia con más objetividad y claridad que antes.

A veces no será necesario recibir ningún consejo o señal del camino a seguir, pero el haber sido capaz de contar la propia historia, ha sido de gran ayuda. Tal vez para muchas personas esta sea la primera vez que han sido escuchadas con verdadera atención e interés.

En ocasiones, la historia propia puede contarse a un terapeuta, o a personas que entiendan el problema y escuchen sin emitir juicios de ninguna índole.

Buscar las raíces

Este paso es muy importante. Es necesario descubrir cuáles son las carencias en la vida de la persona que la han hecho convertirse en codependiente. Unas veces las raíces están en las conductas familiares durante la niñez; otras se encontrarán en algún trauma; o simplemente son conductas aprendidas que se han transmitido por generaciones anteriores o por la cultura en general, como ya hemos visto antes.

Cuando las raíces se descubren, se puede pedir ayuda a Dios más concretamente para sanar esa raíz.

Vivir el proceso de duelo por las pérdidas sufridas durante la vida

A lo largo de la vida hemos experimentado multitud de pérdidas de las cuales no tenemos conciencia. Estas pérdidas pueden ser de mayor o menor importancia, pero todas dejan huella en nosotros. Por ejemplo, cuando se desteta a un bebé, éste pierde la relación íntima que tenía con su madre. Esto le causa dolor.

Cuando un niño empieza a ir a la escuela, pierde la protección que tenía en su hogar. El cambio de trabajo; el decirle adiós a un amigo; el terminar los estudios, etc., son pérdidas que nos dan la sensación de que algo terminó.

Existe un sinfín más de ejemplos en la cadena de pérdidas que puede sufrir el ser humano.

Cuando no se vive adecuadamente el duelo por tales pérdidas, o simplemente no se aceptan, todo el dolor queda sin procesar dentro de uno mismo, dando lugar más tarde a una serie de conductas como las adicciones y la codependencia.

Judith Viorst explica en su libro **Pérdidas necesarias**, por qué es tan importante vivir las pérdidas y expresar el dolor que se siente por ellas. Cuando reconocemos el dolor que sentimos por algo que perdemos, podemos lograr que eso que fue una pérdida en un momento dado de la vida, pueda convertirse en un don. Por ejemplo, cuando una persona ha perdido un hijo y ha sido capaz de reconocer y llorar a plenitud su dolor, puede, con el tiempo, hacer algo en relación con niños, que sea de beneficio para otros.

La doctora Elizabeth Kubler-Ross ha trabajado durante muchos años con enfermos que van a morir, así como con sus familiares. En dicho trabajo, ha descubierto que una persona, para aceptar el hecho de que va a morir, pasa por cinco etapas: primera, la negación de que exista un problema; segunda, la etapa del coraje por lo que sucede; tercera, un período de negociaciones: "si siquiera las cosas fueran así o de esta otra forma … "; cuarta, en la que aparece la depresión, la tristeza por la realidad que se tiene que enfrentar, y como última etapa, la aceptación de la situación tal cual es.

Estas cinco etapas también se encuentran en los familiares del que va a morir; por eso ella las llama las cinco etapas del duelo.

El sacerdote Matthew Linn y su hermano Dennis, quienes han escrito varios libros sobre el perdón, indican también que esas cinco etapas del duelo pueden encontrarse en un proceso de perdón y en el proceso de aceptar cualquier pérdida, pequeña o grande, o superar cualquier herida o trauma. Hablan de esto muy extensamente en sus libros **Sanando las heridas de la vida** y *Sanando la herida más profunda*".

En América Latina, la costumbre de velar por varias horas a los que mueren, ha demostrado ayudar mucho a los familiares a procesar esa muerte. El tiempo es un factor importante para que los familiares se vayan acostumbrando a la idea de la pérdida.

El permanecer frente al cuerpo hablando de él con familiares y amigos, el poder llorar libremente el dolor que se siente y el poder expresar todo aquello que a lo mejor no se dijo en vida, es de gran ayuda para superar poco a poco esa pérdida. Las visitas de los familiares y amigos, el pésame que se recibe durante los primeros nueve días, las misas por los difuntos, etc., permiten al familiar que sobrevive llorar adecuadamente la pérdida, hacerse a la idea de que esa persona ya murió y desprenderse de ella poco a poco.

En los lugares en los que los familiares no pueden estar cerca de la persona muerta o no se asiste a los funerales, el duelo es cortado y el dolor reprimido. Estas emociones enterradas causan daños difíciles de superar.

Buscar la sanación de las heridas
y del "niño interior"

Esto se llama curación interior o sanación de memorias. Especialmente en la codependencia, la sanación va encaminada hacia el "niño interior", ya que sus carencias y su dolor son el origen de las relaciones negativas.

Cuando somos niños y tenemos una experiencia dolorosa, ésta deja huellas que más adelante 'nos llevan a relacionarnos en forma negativa, para defendernos de volver a ser heridos.

Nuestro "niño interior" absorbió, como si fuera una esponja, todas las experiencias que vivió; percibió el ambiente a su alrededor; hizo suyas la alegría y la diversión, pero también la tristeza" el miedo, el rechazo, etcétera.

Es por eso que se debe invitar a Jesús a contemplar ese "niño" y pedirle que sane las heridas que recibió y que son la causa de sus conductas actuales.

El tipo de oración puede variar, pero un ejemplo se tiene en la oración del "niño interior", que se encuentra al final del capítulo pasado.

Aceptar plenamente al "niño interior"

Cuando uno se pone en contacto con su "niño interior" debe contemplarlo y preguntarle cómo se siente; dejarlo hablar y expresar sus sentimientos.

Poco a poco podremos empezar a mirarlo con el amor con que Jesús lo mira. Tal vez, al principio, se le rechace porque le recuerda a uno las heridas sufridas; entonces habrá que pedirle a Jesús que lo abrace y que, poco a poco, lo ayude a él, y aquellos de entre nosotros que no podamos abrazarlo y aceptarlo todavía.

Si se da uno cuenta, al ponerse en contacto con el "niño interior", al contar su historia a través de la oración de curación interior, que ese niño tuvo muchas carencias de amor en su vida, será necesario llevarlo a la presencia de Jesús y mostrarle cada una de esas heridas, pidiéndole al Señor que sane y que nos enseñe la mejor manera de aceptarlo y abrazarlo nosotros.

Muchas veces hemos visto que Jesús sana al "niño" y, sin embargo, la persona no está todavía dispuesta a aceptarlo tal cual es, con sus carencias y emociones desordenadas. Si esta aceptación no se da, es muy difícil lograr la sanación completa, ya que el "niño interior" sigue careciendo del amor y de la aceptación de los más cercanos a él. Y ¿quién es más cercano al "niño interior" que nosotros mismos?

No importa el tiempo que se necesite, hay que orar para que, en la precencia de Jesús, la persona sea capaz cada día un poco más de aceptar a ese "niño" lastimado y solitario, y permitirle crecer y madurar hasta hacerse "uno" con uno mismo, y lograr estar integrado interiormente. Esto es la salud.

Sanar y liberar las manifestaciones de la
enfermedad,cambiando las conductas negativas
y los patrones de pecado.

Las manifestaciones de la enfermedad pueden ser adicciones, actitudes, enfermedades físicas, etc. Al hablar de actitudes, nos referimos a la forma en que enfrentamos a las personas o a las circunstancias, pueden ser rebeldía, enojo, resentimiento, mentira, crítica,etc. Las manifestaciones que presentan como adicciones pueden ser alcoholismo, desorden en el comer (comer demasiado, bulimia, anorexia, etc.), adicciones sexuales, tabaco, cafeína, etc. Las manifestaciones físicas de la codependencia pueden ser úlceras, colitis, hipertensión, depresión, migrañas, artritis, etcetera.

Una vez sanada la herida inicial, es necesario tomar conciencia de cuáles son las manifestaciones que aparecen en uno, para atenderlas adecuadamente.

En un proceso completo de recuperación, es necesario que no sólo las heridas y sus manifestaciones sean sanadas, sino que una parte muy importante de la recuperación debe ser cambiar los patrones negativos de conductas y respuestas que hemos usado por muchos años y que se han convertido en parte integrante de uno mismo. Estos patrones de conducta se convierten en hábitos muy difíciles de desarraigar.

Un ejemplo de esto sería descubrir que hemos estado usando la mentira como defensa contra el sufrimiento, y que se ha convertido ya en un hábito del que no se es consciente. Si la herida que lo llevó a uno a usar la mentira como defensa ya fue sanada por Jesús, la manifestación, es decir, el hábito de mentir, debe terminar y sólo puede hacerse sobre la base de hacemos conscientes de ese hábito y pedirle humildemente al Señor que nos dé las fuerzas para hacerlo. A los amigos sinceros que nos acompañan en este proceso, debemos pedirles que nos señalen cuando estemos cayendo de nuevo en la mentira, por pequeña o intrascendente que parezca.

Ejercitar las virtudes cristianas

Como la meta final de un proceso de cambio es la transformación en Cristo, tenemos que luchar, no sólo para evitar el pecado y los malos hábitos en nuestra vida, sino por empezar a practicar las virtudes cristianas.

Por ejemplo, en el caso del hábito de la mentira, debemos no sólo desterrarla de nuestras vidas, sino poner especial empeño en buscar la verdad, hasta que se convierta en un modo de vida. Y veremos entonces que es cierto que "La Verdad nos hará libres" Jn. 8, 32).

Satisfacer la necesidad de apoyo y seguimiento

La experiencia nos enseña que para romper una adicción o para salir de la codependencia se necesita el apoyo de personas que comprendan lo que está pasando, porque ellas mismas lo han vivido o están viviendo ese proceso. A lo largo de este libro, al hablar de personas en las que se pueda confiar, que sepan escuchar y apoyar a uno verdaderamente, nos referimos a grupos de codependientes anónimos, grupos de Alanon (familiares de alcohólicos), Neuróticos Anónimos, o bien, a una comunidad cristiana bien comprometida en el estudio de esta enfermedad y que pueda ser realmente un apoyo en el camino hacia la salud. Sin un grupo como éstos, es muy difícil lograr salir de las conductas negativas a las que nos hemos acostumbrado por años.

Satisfacer la necesidad de equilibrio en la vida

Dios quiere que cada uno sea sano y libre para tomar la responsabilidad de su vida, y esto se logra hasta que exista un verdadero equilibrio. Para ser sanos, se necesita que todas las áreas de la vida guarden armonía entre sí. En el área social, habrá que buscar que las relaciones le hagan a uno crecer, madurar y disfrutar. En la codependencia, el área del cuidado físico es particularmente descuidada. Es muy importante cuidar la salud, hacer ejercicio y alimentarse adecuadamente.

En el área afectiva, es importante darse uno permiso de sentir las emociones plenamente y luego dejarlas ir, si es necesario. El resultado será que las relaciones que tengamos con los demás le harán a uno sentirse seguro, pleno, capaz de dar y de recibir amor.

En el área económica, se debe crecer hacia la

independencia, más no hacia la liberación. El dinero no puede ser el centro de la vida, pero tampoco se puede negar su importancia para lograr un equilibrio y bienestar en la vida. En el área estética, uno debe proveerse de tiempo para disfrutar lo bello de la vida, gozar de la naturaleza, de la música, de la pintura, etc. Esto es parte del vivir una vida plena y hay que aprender a disfrutarla. Es importante recordar que una de las características de la persona codependiente es una incapacidad de gozar y de disfrutar.

Por eso es tan importante trabajar en esta área.

Desde el punto de vista intelectual, nadie debe quedarse estancado; se tiene que leer, aprender, cultivarse, estar al tanto de lo que sucede en el mundo. Hay que recordar que se ha vivido muchos años sumergido en los propios problemas, y que ahora es necesario darse cuenta de que uno vive en el mundo y que no es posible ignorarlo. Además, es importante tomarse el tiempo necesario para estudiar la dinámica de la propia enfermedad y no seguir haciendo a un lado esos conocimientos que nos pueden ayudar con mucha eficacia a recuperarnos mas pronto.

Reunirse con un grupo de personas para apoyarse y estudiar, es un paso que va a mejorar mucho la calidad de la vida.

También es muy importante crecer en la vida interior y en la relación con Dios. La oración y la meditación diaria serán la fuente de la paz. Es en la oración donde se podrán encontrar las respuestas a las inquietudes más profundas del ser humano.

Además de la oración diaria y de la meditación, una vida de Sacramentos nos unirá de una manera especial con Jesús. Sin ellos, nuestra vida carecerá del alimento espiritual que necesita y se irá empobreciendo y secando en esta línea.

Alegrarse y agradecer a Dios la criatura nueva que empieza a surgir

La alegría y la gratitud son una maravillosa terapia. Cuando se deja uno envolver por el amor de Jesús, el corazón se llena de gratitud. Algunos terapeutas, conscientes del poder curativo de la gratitud, ayudan a sus pacientes a recordar momentos de su vida en que se sintieron amados. El evangelio de San Juan (Juan 1 :4-19) nos dice que Dios nos amó primero y nos dio la vida. El contacto con ese amor eterno puede ser el principio de una cadena de momentos de amor en nuestra vida que despertarán nuestra gratitud. El recordar estos momentos nos dará verdadera vida.

Reemplazar el pensamiento centrado en uno mismo, por el pensamiento centrado en Dios

Al principio del proceso de recuperación es muy importante poner la mirada en uno mismo, para descubrir las raíces de la enfermedad y darse cuenta de los mecanismos y actitudes que hasta ahora se han venido teniendo. Pero una vez hecho esto, es importante levantar la mirada hacia Dios con su infinita misericordia. Sólo desde ahí se podrá entender y aceptar el amor incondicional que Él nos tiene, y por ese amor, podrá uno empezar a cuidarse, aceptarse y verse como la obra de sus manos, y aceptar la dignidad de ser hijos de Dios.

Es a partir del reconocimiento que se tenga de ser hijo amado de Dios, que se podrá poner alto a las conductas de otros que quieran rebajar esa dignidad. Cuando se acepta esa dignidad, la autoestima empezará realmente a existir, y se podrá poner atención a las necesidades propias, a los deseos y a la salud. Si nunca ponemos nuestra mirada en Dios, vamos a estar dando vueltas sin poder salir del círculo vicioso en el cual hemos estado sumergidos por años.

CAPÍTULO 6

Experiencia
Central de fe

El cuerpo humano, aunque está formado por muchas partes, es un solo cuerpo.

Un cuerpo no se compone de una sola parte, sino de muchas. Si el pie dijera: "Como no soy mano, no soy del cuerpo", no por eso dejaría de ser del cuerpo. Y si la oreja dijera: "Como no soy ojo, no soy del cuerpo", no por eso dejaría de ser del cuerpo.

Si todo el cuerpo fuera ojo, no podríamos oír. Y si todo el cuerpo fuera oído no podríamos ver. Pero Dios ha puesto cada parte del cuerpo en el sitio que mejor le pareció. Lo cierto es que aunque son muchas las partes, el cuerpo sólo es uno. Si una parte del cuerpo sufre, todas las demás sufren también; y si una parte recibe atención especial, todas las demás comparten su alegría. Pues bien, ustedes son el Cuerpo de Cristo y cada uno de ustedes es parte de ese Cuerpo. (1a.Cor. 12).

Dios, a través de su hijo, Jesús nos ha llamado a la copartición positiva, que tan claramente se nos describe en este pasaje de su palabra.

Para poder vivir plenamente este tipo de relación, es indispensable estar unidos a Cristo en forma personal. Muchas veces sufrimos, porque en una relación de dos personas, o de familia (relación de más de dos personas), no logramos que los demás acepten dejarse convertir y sanar por Cristo. Entonces, sentimos que la relación no acaba de ser adecuada, porque falta la mitad que debe poner la otra persona.

Es una realidad, que cada uno sólo puede aportar su mitad en una relación de dos. Pero también es cierto que basta una mitad para que la relación deje de ser codependiente y se empiece a vivir una coparticipación positiva, que llegará a su plenitud cuando ambos logren poner toda su parte. En esto vemos la importancia que tiene en nuestro cambio la experiencia central de fe. Sin ella, no lograremos mantener el interés ni el entusiasmo, para hacer un esfuerzo continuado que nos lleve a una relación sana con los demás. Si bien sabemos que el encuentro personal con Cristo, la conversión y la curación interior son los primeros pasos para nuestro cambio; la experiencia central de fe es definitiva para lograr una transformación de nuestra vida que, por supuesto, será a largo plazo.

Si, ciertamente el plan para nuestra recuperación lo lograremos partiendo de una experiencia central de fe, es necesario también apoyarnos en los sacramentos y en la comunidad.

Después de observar y caminar con personas en vías de recuperación (empezando por nosotras mismas), hemos podido constatar que las terapias psicológicas ayudan mucho, pero no constituyen la ayuda total que se necesita para salir de la codependencia.

Cuando hablamos de una experiencia central de fe, nos referimos a uno o varios momentos en nuestra vida, en los cuales hayamos sentido profundamente el amor personal de Dios para nosotros. Para algunas personas, es el momento del encuentro personal con Cristo (como quiera que éste se haya podido realizar). Para otras, es el cúmulo de momentos en los cuales hemos sentido y sabido que Dios nos ama y está presente.

La experiencia central de fe es uno o varios momentos en los cuales Dios nos ha manifestado su amor, y en los cuales, nos hace saber que Él es nuestro Padre, que somos sus hijos, que Él está siempre con nosotros y que es poderoso para sanarnos.

Recordar ha sido, en toda la historia de la salvación, la forma como Dios ha sacado a su pueblo de situaciones difíciles. Recordar, no sólo nos da fuerza, sino también esperanza para el futuro. Esto es importante, porque en toda recuperación de la coparticipación negativa o codependencia, llegamos a recordar un momento, o varios, en los cuales nos desconectamos del amor incondicional que Dios nos tiene y sólo captamos experiencias negativas con los demás: papá, mamá, personas significativas, causándonos una ruptura en la relación con Dios, con nosotros mismos y con los demás. No basta que recordemos en un momento dado que algo sucedió o nos demos cuenta de los síntomas que llevamos arrastrando; lo importante es que volvamos a conectamos a ese "amor incondicional" que puede damos salud, seguridad, paz y estabilidad.

Para lograr esto, tenemos que encontrar un puente que nos ayude a conectamos. Ese puente sólo puede ser Dios mismo, que llega a nosotros a través de una experiencia de su presencia viva en nuestras vidas, o a través de otra persona que es simple instrumento, intermediario para que nos conectemos a Él, que es la fuente de amor.

Toda recuperación supone también un discernimiento personal. Llega un momento en que tomamos conciencia de que algo anda mal en nuestra vida y que necesitamos un cambio. Para que el cambio sea posible necesitamos la fuerza de Dios, pues sabemos que por nosotros mismos no podremos lograr el éxito completo. Este proceso de discernimiento personal es el que se fundamenta en la experiencia central de fe. Según San Ignacio de Loyola, esta experiencia tiene algunas características especiales:

a) Nos da confianza.
b) Nos ayuda a sentimos escogidos.
c) Nos da protección.
d) Nos sentimos llamados.

e) Nos sentimos en presencia de Dios.
f) Reconocemos su dirección.
g) Nos sentimos amados.
h) Nos sentimos recibidos por Él, tal
   como somos.

"Te he llamado por tu nombre, eres precioso a mis ojos". (Isaías 44, 24). Esta experiencia nos da la fuerza para un cambio de ruta. En el fondo de nuestro ser, tomamos lo nuevo que hemos comprendido a nivel mental y aceptamos la responsabilidad de llevar esto a la práctica en nuestra vida real. No asumimos sólo la responsabilidad respecto de las cosas importantes, sino también de las pequeñas.

En el libro de los Hechos de los Apóstoles, capítulo 2, versículo 42, nuestro Señor nos muestra a través de su palabra, cuáles son los medios necesarios para permanecer injertados en Él y perseverar en esta experiencia central de fe:

"Acudían asiduamente a la enseñanza de los apóstoles, a la comunión, a la fracción del pan y las oraciones."

Así vemos en este texto de las Sagradas Escrituras, cómo en las primeras comunidades permanecían unidos para la enseñanza de la Palabra, que es fuente de vida, para las oraciones (comunitaria y personal), compartiendo sus vidas en común unión; pues no podemos mantenemos sanos, ni libres, sin la ayuda de otros. Por nuestra naturaleza humana, es preciso que alguien nos ayude, enseñe, escuche, anime, sostenga nos dé consejos y cariño, en todo esto alrededor de lo que es el culmen de nuestra vida cristiana: la Eucaristía.

Pues como mencionábamos ya en párrafos anteriores, en este proceso que hemos iniciado necesitamos apoyarnos siempre en los Sacramentos y en la Comunidad.

Los Sacramentos de la Eucaristía y de la Reconciliación, son los medios que Jesús instituyó como medicina y alimento para el camino. La confesión es la mejor terapia y la Eucaristía nos da la fortaleza y nos proporciona el poder liberador y sanador de la Sangre y el Cuerpo de Nuestro Señor Jesucristo.

CAPÍTULO 7

Conclusiones

A lo largo de este libro hemos analizado la codependencia en las relaciones humanas. Nuestro objetivo no ha sido que descubras tu enfermedad para que, lleno de rencor por lo que has sufrido, tomes soluciones drásticas.

Nuestro objetivo principal es que al descubrir tu verdad decidas dar los pasos necesarios para cambiar lo que pueda ser cambiado.

Es presentarte la realidad de tu enfermedad, junto con la opción que tienes para elegir entre seguir como estabas o dar los pasos hacia una nueva vida de libertad interior.

Decídete a crecer y a madurar como persona. Empieza por analizar aquello que te detiene para dar el primer paso. ¿Qué es lo que temes? Empieza por aprender a amarte. Convéncete a ti mismo: yo puedo, yo quiero, tengo derecho y lo voy a hacer. Elige crecer, en lugar de esconder tus deficiencias.

Si quieres ser realmente libre para elegir positivamente, en lugar de usar mecanismos de defensa, trata de hacer cosas que aumenten tu autoestima. Acepta que amarte no es egoísta ni malo. Eres importante, tienes un valor propio y eres digno de ser amado y respetado.

No necesitas vivir sufriendo para lograr la aceptación de los demás, empieza por aceptarre tú mismo como un ser "único e irrepetible". Si no logras esto, ¿cómo vas a lograr amar a los demás?

Es del amor y de la aceptación que te tengas a ti mismo, como hijo amadísimo de Dios, que podrás dar ese amor a los demás.

Recuerda que el Señor nos dice "amarás a tu prójimo como a ti mismo". por lo tanto, amar a otro presupone que tú ya te amas, y si no es así, ¿cómo podrás lograrlo? El amarnos a nosotros mismos nos libera y libera a otros, porque para sentirnos bien no tenemos que exigir que los demás nos amen.

Aceptándonos, rompemos la cadena que nos condiciona. Entonces podremos ser libres para pensar, decir, actuar en forma diferente de las demás personas. Qué hermoso es el poder experimentar cómo "la verdad nos hace libres" (Juan 8,32), sobre todo, cuando Dios nos lo revela en lo profundo del corazón. Él nos la revela y nos da su amor incondicional, que nos hace sentirnos valiosos a sus ojos.

No importa cuántos años han pasado antes de saberlo; lo importante es que el hacernos libres nos capacita para ayudar a los que también sufren. Dios nos escucha y nos renueva con su amor, para vivir nuevos proyectos de vida, como corresponde a los hijos de Dios.

Él es el único que puede sanar nuestro "niño interior' herido, maltratado, abandonado y reconciliarlo con nuestro ser adulto. El es quien nos devuelve la dignidad para no permitir que ese "niño interior" que todos llevamos dentro, siga sufriendo con las provocaciones conscientes o inconscientes de otros. Él nos enseña cómo lo podemos proteger, para que pueda crecer y durar hasta llegar a la plenitud para la cual fue creado.

No te detengas en lo malo que has hecho; camina en lo bueno que puedes hacer. No te culpes por lo que hiciste, más bien decídete a cambiar. No te mires con tus ojos, contémplate con la mirada de Dios. No pienses en lo largo que es el camino de tu transformación, sino en cada paso que puedes dar para ser lo que Dios quiere que seas.

No confíes en tus propias fuerzas; pon tu vida en las manos de Dios. No trates que otros cambien; sé tú el responsable de tu propia vida y trata de cambiar tú. Deja que el amor te toque y no te defiendas de él.

Contempla sólo la meta y no veas lo difícil que es alcanzarla. Vive cada día, aprovecha el pasado para bien y deja que el futuro llegue a su tiempo. No sufras por lo que viene, recuerda que "cada día tiene su propio afán" (Mt. 4; 34). Busca alguien con quién compartir tus luchas hacia la libertad. Una persona que te entienda, te apoye y te acompañe en ella. No te des por vencido, piensa que si Dios te ha dado la vida, es porque sabe que tú puedes con ella.

Si algún día te sientes cansado, busca el descanso en Dios que renovará tus fuerzas.

Si algún día te sientes demasiado responsable de otros, recuerda que sólo Jesús es el Mesías.

Si te sientes atado a alguien, pídele a Jesús que rompa la atadura y que su amor vuelva a crear lazos nuevos de amor según su Espíritu. Si reaccionas ante toda provocación, ruega a Dios para que te enseñe a responder en lugar de reaccionar.

Si tu felicidad y tu vida dependen de otra persona, despréndete de ella y ámala, sin pedirle nada a cambio. Si necesitas tener todo bajo control, entrega el control de tu vida a Dios y confía en su poder y en su amor por ti. Aprende a mirarte con amor y respeto, piensa en ti como algo precioso: ¡eres un hijo de Dios! Piensa que Él está más interesado que tú en que te conviertas en esa creación que Él pensó desde toda la eternidad.

Mi Dios

Quiero ser libre
No sólo libre DE,
Sino libre PARA.

Cuando me haya dejado liberar y sanar lo
suficiente,
seré libre para que tú me transformes
en la imagen de Tu Hijo.

Con Él, sí podré
perdonar hasta setenta veces siete,
orar por enemigos,
aceptar ser perseguidos por el Reino,
vivir las bienaventuranzas,
tomar amorosamente mi cruz de cada día
y gozosamente decir:
"Ya no soy yo quien vive,

Es Cristo
quien vive en mi (Gal. 2:20)

Amén

Bibliografía

BEATTIE, Melody, *Codependent no More*. Hazelden Foundation, Harper and Row Publishers, Inc. 1987.

BENNET, Rita *Making Peace with your Inner Child*. Fleming H. Revell Company Old Tappan, Nueva Jersey, 1987.

BERRY, Carmen Renee. *When Helping You is Hurting Me*. Harper and Row, Publishers, San Francisco,1988.

BLAKER, Karen *Born to Please*. San Martin's Press, Nueva York, 1988.

BOWDEN,J. Dand Gravitz Hl: *Genesis*, Health Communications, Pompano Beach, Florida, 1987.

BRANDEN, Nathaniel. *Honoring the Self.* Bantam Books,1985.

BRIGGS, D. *Your Child's Selfesteem: Step by Step Guidelines to Raising Responsible, Productive, Happy Children.* Doubleday Dolphin Books, Garden City, Nueva York, 1970.

CERMAK L.M.D. *A Time to Beal.* Avon Books, Nueva York, 1989.

CERMAK T *Diagnosing and Treating Co-Dependence: A Guide for Professionals Who Work with Chemical Dependents, Their Spouses and Children.* Johnson Institute, Minneapolis, Mn. 1986.

DOBSON, Theodore Elliot, *Inner healing God's Great Assurance,* Paulist Press,1978.

DYER, Wayne W. *Your Erroneus Zones,* Avon Books, The Hearst Corporation, Nueva York, 1977.

DYER, Wayne W. *Pulling your own Strings,* Gayle Spanier Rawlings, Avon Books. The Hearst Corporation, Nueva York, 1978.

ERIKSON, *Infancia y sociedad,* Editorial Paidós, Buenos Aires, 1980.

GRAVITZ, H. Bowclen, J. *Guide to Recovery: A Book for Adult Children of Alcoholics*, Learning Publications, Holmes Beach, Florida .1985.

HOLLIS, Judith. *Fat is a Family Affair*, Hazelden Foundation. Harper and Row, San Francisco,1985.

HOYNER, K. *The Holistic Approach*. Kelman H' in American Handbook of Psychiatry. Basic Books, Nueva York, 1959.

KOLBENSCHLAG, Madona, *Kiss Sleeping Beauty Good-Bye,* Harper and Row Publishers, San Francisco,1988.

KÜBLER Ross Elizabeth, *On Death and Dying*. Collier Books, MacMillan Publishing Co., Nueva York, 1969.

LARSEN, Ernie. *Co-Dependency Seminar*, Stillwater, Mn.1985.

LINN, Matthew SJ y Dennis. *Sanando las heridas de la vida*. Librería Parroquial de Clavería. Ciudad de México.

LINN, Mathew SJ, Dennis y Fabricant Sheila, *Sanando la herida más profunda*. Librería Parroquial de Clavería. Ciudad de México,1989.

MASTERSON, J. Miller y Winnicot, *The Real Self,* Brunner/Mazel, Nueva York, 1985.

MISILDINE, W.Hugh, *Your Inner Child of the Past,* Pocket Books, Simon and Schuster, Inc. Nueva York, 1963.

MOORE, Campbell B., *Successful Women Angry Men*, Jove Book, Random House Inc. 1989.

NAIFEH, Steven y White Smith, Gregory. *¿Por qué los hombres ocultan sus sentimientos?* Javier Vergara Editor, Ciudad de México,1987.

PECK, M.S.: *The Road Less Traveled: A New Psychology of Love, Traditional Values and Spiritual Growth,* Simon and Schuster, Nueva York, 1978.

POWELL, John S. *Why Am I Afraid to Tell You Who I Am?,* Allen , Texas, Argus Communications,1969.

SCHAEF, Anne Wilson, *Codependence. Misunderstood and Mistreated,* Harper and Row, Publishers, Inc. San Francisco,1986.

SPITZ Rene A., *El primer año de vida del niño,* Fondo de Cultura Económica, Ciudad de México,1969.

SPITZ, R *Hospitalism in the Psychoanalytic Study of the Child,* vol. I International Univ. Press, Nueva York, 1945.

SUBBY, R. *Health Communications, Co-Dependency. An Emergency Issue,* Hollywood, Florida: Health Cp Communications, 1984.

SUBBY, Robert, *Lost in the Shuffle. The Codependent Reality,* Health Communications, Inc. Deerfield Beach, Florida, 1987.

TAPSCOTT, Betty, *Inner Healing Through Healing of memories,* Hunter Minitres Publishing Co., 1975.

VIORST, J., *Necessary Losses,* Simon and Schuster, Nueva York, 1986.

WEGSCHEIDER,S., *Another Chance: Hope and Health for the Alcoholic Family,* Science and Behavior Books, Palo Alto, California, 1981.

WEGSCHEIDER-CRUSE, Sharon, *Choice-Making,* Health Communications, Inc. Florida.1985.

WHITFIELD, Charles L., *Healing the Child Within,* Health Communications, Florida. 1987.

WOITITZ, Janet, *Adult Children of Alcoholics,* Health Communications, Pompano Beach, Florida, 1983.

Sobre las autoras

María Esther y Elia María son doctoras en psicología y fundadoras de CREE, A.C. (Crecimiento y Recuperación Emocional y Espiritual), que da cursos, conferencias y capacitación a empresas y escuelas e imparte la Clínica de Codependencia y Adicciones.

Son fundadoras de OIRA, institución para niños con deficiencia auditiva. Crearon la Comunidad Especial de Desarrollo e Integración, A.C. (CEDI), que atiende actualmente a jóvenes con capacidades diferentes en la Residencia CEDI. Además, son miembros de la Asociación Católica de Terapeutas Cristianos, así como del International Institute for Humanistic Studies, con sede en California, Estados Unidos.

Fundaron la Clínica del Vínculo y Psicología Pre y Perinatal, que atiende a bebés, niños, jóvenes y adultos que tuvieron trauma de nacimiento o que nacieron con intervenciones obstétricas.

cree
CRECIMIENTO Y RECUPERACIÓN
EMOCIONAL Y ESPIRITUAL, A.C.

Crecimiento y Recuperación Espiritual y Emocional
Francisco de la Maza 94
Col. Olivar de los Padres
México, D. F., 01780
Página web: www.creeac.com.mx
e-mail: creeac@yahoo.com
5383-5242, 5668-0312

Cedi
COMUNIDAD ESPECIAL
DE DESARROLLO E INTEGRACIÓN, A.C.
CLÍNICA DEL VÍNCULO Y PSICOLOGÍA PRE Y PERINATAL

Clínica del Vínculo y Psicología Pre y Perinatal
Francisco de la Maza 98
Col. Olivar de los Padres
México, D. F., 01780
Página web: www.cedi.com.mx
e-mail: clinica@cedi.com.mx
5595-1427, 5682-4424

ÍNDICE

Esta obra se terminó de imprimir en mayo del 2009
en los talleres de Fusión Servicios Gráficos
Miguel Negrete No.34 - 401
Col. Niños Héroes C.P. 03440 México D.F.